FOR CLINICS

개원의를 위한

2017

병의원
세무
길라잡이

제7판

성기원, 구한수, 설창균, 황재훈 지음

군자출판사

일곱째판

개원의를 위한 병의원 세무 길라잡이

첫 째 판 1쇄 인쇄 | 2003년 2월 1일
첫 째 판 1쇄 발행 | 2003년 2월 10일
첫 째 판 2쇄 발행 | 2003년 4월 10일
둘 째 판 1쇄 발행 | 2004년 6월 21일
셋 째 판 1쇄 발행 | 2006년 4월 10일
넷 째 판 1쇄 발행 | 2007년 3월 10일
다섯째판 1쇄 발행 | 2009년 8월 1일
여섯째판 1쇄 발행 | 2015년 7월 10일
일곱째판 1쇄 발행 | 2017년 2월 21일

지 은 이   성기원, 구한수, 황재훈, 설창균
발 행 인   장주연
출 판 기 획   한인수
편집디자인   우윤경
표지디자인   이상희
발 행 처   군자출판사
　　　　　등록 제4-139호(1991. 6. 24)
　　　　　본사 (10881) 경기도 회동길 338(서패동 474-1)
　　　　　전화 (031) 943-1888   팩스 (031) 955-9545
　　　　　홈페이지 | www.koonja.co.kr

ISBN 979-11-5955-140-6
정가 30,000원

집필진

성기원 세무사

제37회 세무사자격시험 합격
한양대학교 경영학부 졸업
한양대학교 행정대학원 세무관리학과 졸업
(現) 세현세무법인 대표세무사
(現) 세현세무법인 병의원 사업부 담당세무사
(前) 한국세무사회 조세제도연구위원
(저서) "의사 CEO를 위한 병의원경영과 자산관리 클리닉" 공동저자
(現) 병의원 CEO를 위한 다수의 세무강좌 출강 및 칼럼니스트 활동 중

구한수 세무사

제38회 세무사자격시험 합격
명지대학교 경제학과 졸업
(現) 세현세무법인 이사
(現) 세현세무법인 병의원 사업부 담당세무사
(現) 의학저널 'DiaTreat' 등 다수 칼럼 게재
(現) 병의원 CEO를 위한 다수의 세무강좌 출강 중

황재훈 세무사

제47회 세무사자격시험 합격
국립세무대학 내국세학과 졸업
한국방송통신대학교 경영학과 졸업
고려대학교 정책대학원 세정학과 졸업
(前) 성북·개포·역삼·동작·삼성세무서 조사과 근무
(前) 서울지방국세청 조사2,4국 근무
(現) 법무법인(유한) 태평양 세무사
(現) 서초세무서 납세자권익존중위원회 위원

설창균 노무사

제6회 공인노무사자격시험 합격
(前) 서울강남지방노동사무소 명예상담위원
(前) 21세기노무법인 책임사원
(前) 통일연구원 단체교섭 위원
(前) 인천지하철 노동조합 자문위원
(前) 한국생활환경시험연구원 노동조합 자문위원
(前) 한국고용정보원 근로자파견 평가위원
(前) 서울대학교병원 새마을금고 자문위원
(現) 로피플 노무사사무소 대표
(現) KGB㈜ 외 120개 업체 자문위원
통일연구원, 한국정신병원협회 등 출강

머리말
개원의를 위한 병의원 세무 길라잡이

이번 제7차 개정판은 최근 변화된 2017년 개정세법을 최대한 적용하여 출간하였습니다.

책을 쓰면서 항상 고민하는 것은 "독자들이 가장 궁금해 하는 내용은 무엇이며, 또한 얼마나 내용을 쉽게 이해할 수 있을까?"에 관한 부분입니다. 또한 독자분들이 그 동안 필자에게 지적하신 부분 역시 내용이 다소 복잡하고 어렵다는 것이었습니다. 이번 개정판은 이러한 부분을 적극적으로 반영하여 6차 수정판보다 그 형식이나 내용을 쉽게 쓰기 위해서 노력하였습니다. 또한 너무 많은 내용을 다루기 보다는 실무에서 중요하고 자주 발생하는 사항들에 집중하였습니다.

이 책은 개원의 준비 단계부터 운영에 이르기까지 의사들이 알아야 할 세금에 대한 지식을 설명하였으며, 그 외에도 병의원을 운영하는 의사들이 알아야 할 노무관계의 법률지식도 함께 담았습니다.

이번 개정판에서 중점을 두고 추가·보완한 부분에 대해 설명 드리겠습니다.

첫째, 병의원 CEO가 알아야 할 내용을 테마별로 주제를 다루어 기존의 형식보다 보고 이해하기 편하도록 하였습니다.

둘째, 그간 병의원의 소득세에 관한 여러 가지 세법의 개정이 있었으며, 피부·미용 진료에 관한 부가가치세 과세 전환, 성실신고확인제 등 많은 변화가 있었습니다. 또한 최근에는 업무용차량에 대한 비용인정을 일부 규제하는 법 개정이 있었습니다. 이러한 개정세법의 이해를 돕기 위해 도표와 간단한 사례를 통해 보다 쉽게 접근할 수 있도록 노력하였습니다.

셋째, 의료계의 최대 관심사인 세무조사에 대해 최근의 조사방향, 세무조사의 성격 및 종류와 방법 등에 대해 상세하게 설명하였습니다.

넷째, 의료기관에서 자주 문제가 되는 근로기준법의 적용에 대해 이전 개정판보다 상세하고 자세하게 설명하였습니다. 또한 이 부분에 관하여 병의원의 노무관계를 전문으로 하는 노무사님이 집필하여 주셔서 그 내용에 대하여 충실을 기하였습니다.

세금에 대해 일반인 모두를 이해시키는 것은 참으로 어려운 과정입니다. 아직까지도 의료기관을 운영하는 선생님들이 세금을 부차적인 문제로 치부하는 경우도 많습니다. 하지만 세금에 대해 전문가가 될 필요는 없더라도 자신의 병의원 운영과 관련한 기본적인 세금지식은 알아 둘 필요가 있으며, 이러한 과정을 통해 세금에 대한 막연한 두려움도 상당부분 해소될 것이라 믿습니다. 이젠 세금도 경영상의 중요한 문제로 받아들여야 합니다.

필자는 이 책이 일반적인 세금에 대한 이론서가 아니라, 병의원의 운영시 실제 적용될 수 있는 가이드북이 되도록 노력했습니다. 그런 만큼 뭔가를 결정해야 하거나 어려운 상황을 만날 때 이 책에서 관련되는 테마를 찾아보시면 많은 도움이 될 것이라고 생각합니다.

쉽게 풀어쓰기 위하여 노력했지만, 과연 필자의 의도대로 개원의 선생님들이 쉽게 이해할 수 있는 책이 되었는지는 모르겠습니다. 앞으로도 이 책이 병의원 세무에 있어 많은 도움이 될 수 있도록 많은 독자 여러분들의 객관적인 평가와 애정 어린 충고를 부탁드립니다.

마지막으로 학문적 깊이와 경험이 부족한 저희를 믿고 이 책의 7판까지 출판을 맡아 준 군자출판사와 편집부 직원들에게 감사의 말씀을 드립니다.

2017년 2월
성기원, 구한수, 황재훈, 설창균

CONTENTS

개원의를 위한 병의원 세무 길라잡이

CONTENTS
개원의를 위한 병의원 세무 길라잡이

CONTENTS
개원의를 위한 병의원 세무 길라잡이

1

개원의가
알아야 할
개원준비 ABC

개 원 의 를 위 한
병 의 원 세 무
길 라 잡 이

Point 01

개원의 시작..
병의원의 유형은?

1. 개인병의원과 법인형태의 병의원

최근 의사(치과의사, 한의사 포함)가 병원 또는 의원(이하에서 '병의원'이라 칭함)을 개원하는 유형을 보면 과거와는 달리 다양한 형태를 보이고 있다. 세금의 측면에서 병의원을 구분하자면 개인사업자 형태인 개인병의원과 법인 형태의 병의원으로 구분할 수 있다. 개인병의원의 경우에는 한 해 동안 벌어들인 이익에 대하여 소득세를 부담하게 되며, 법인 형태의 병의원의 경우에는 그 이익에 대하여 법인세를 부담하도록 되어 있다. 당장의 세금만을 고려하면 세율이 낮은 법인 형태의 병의원이 유리할 수 있다고 볼 수 있겠지만 의료법상 의료법인의 경우에는 영리를 추구할 수 없도록 규정하고 있어 그 이익이 발생하더라도 그것을 구성원에게 분배할 수 없는 비영리법인으로만 병의원을 개설하도록 하고 있다. 이러한 이유로 개원 시에 대부분 개인사업자의 형태로 병의원을 운영하고 있는 것이 일반적이다.

이 책에서도 개인사업자인 개인병의원에 대한 세금적인 문제에 대하여 주로 설명하기로 한다.

2. 개인병의원의 개원유형

매년 상당수의 의사가 개원가로 나오고 있는 상황에서 의료시장에서의 병의원의 경쟁은 매우 치열해지고 있다. 이러한 환경적 변화에 대응하기 위하여 병의원은 경쟁적으로 마케팅 비용의 증가, 시설의 고급화, 규모의 대형화를 시도하고 있다. 따라서 개원 시에 상당한 자금이 소요되고 있는 것이 현실이다. 최근 의료법의 개정으로 의사 1인이 병의원 1개만을 경영할 수 있도록 명확히 규정하였으며, 영리법인을 허용하고 있지 않아 의사가 아닌 비의료인의 병의원에 대한 지분투자는 허용되고 있지 않다. 따라서 의료인만의 자본으로 병의원을 개설해야 하는 것이다. 따라서 규모의 대형화에 따른 자금의 조달 및 경영에 대한 리스크의 분산 측면에서 최근 의료인 2인 이상이 조합을 이루는 공동개원의 형태로 개원을 모색하는 형태가 많아지고 있는 것으로 보여진다. 개인 병의원의 개설유형을 아래와 같이 분류할 수 있다.

(1) 단독개원

의사 1인이 수익과 위험을 혼자 부담하는 형태로서 병의원을 개설하는 유형이다. 자금조달의 한계가 있어 대형의 병의원을 개설하는 데는 한계가 있다고 할 것이다. 병의원을 운영하여 벌어들인 이익에 대하여 개설의사 본인이 전적으로 세금납부를 책임지는 개원형태이다.

(2) 공동개원

의사 2인 이상이 자본을 출자하여 수익과 위험을 공유하는 형태로서 일정한 동업계약을 약정하여 병의원을 개설하는 유형이다. 세금은 각자 본인에게 배분된 소득에 대하여 세금을 부담하게 된다. 원칙적으로 다른 동업자가 내야 할 소득세에 대하여 그 상대방 동업자는 연대하여 책임을 질 의무는 없다. 즉, 각자가 각자에게 배분된 소득에 대하여 세금을 납부할 책임을 부담하는 형태이다.

(3) 네트워크 형태의 병의원 개원

네트워크 형태의 병의원이란 수개의 병의원이 동일한 상호를 공유하며 공동으로 마케팅을 진행하며 각각의 병의원에서 어느 정도 표준화된 진료서비스를 제공하는 형태의 병의원이라 할 수 있다. 더욱 밀착된 형태의 네트워크 형태의 경우 마케팅 외에도 여러 가지 경영상의 활동을 모두 공유하는 형태도 있다. 즉, 직원채용, 각종 물품구매 등 경영 전반적인 과정을 같이 공유하는 형태이다.

　의료시장의 경쟁이 갈수록 치열해지면서 나타나는 현상은 마케팅비의 증가이다. 특히 성형외과나 피부과, 치과 등 주로 비보험진료를 위주로 하는 병과들이 한해에 지출하는 광고비의 수준은 상당하다 할 것이다. 대부분 인터넷 포털업체에 지불하는 광고비가 많은 비중을 차지하고 있다. 이러한 광고비를 1개 병의원이 부담하는 것은 상당한 자금부담이 된다. 이러한 경우 각 지역의 거점별로 여러 병의원이 동일한 상호를 사용하고 홈페이지도 공유하며 광고를 하게 되면 1개 병의원이 부담하는 광고비가 상당히 줄어들 수 있다. 이러한 이점 등으로 네크워크 형태의 병의원이 상당히 많아지고 있는 측면이 있다. 이러한 이유로 이러한 네크워크 형태의 병의원이 상당히 많아지고 있는 측면이 있다. 그러나 이러한 형태는 어느 1개의 병의원의 부정적인 사건이 발생 시 다른 병의원에게도 그 효과가 미친다는 단점은 있다.

　현재 의료법상 의사 1인이 1개의 병의원을 개설하도록 허용하고 있다. 따라서 다른 병의원의 지분을 취득하여 그 병원의 수익을 공유할 수 없도록 되어 있으므로 각각의 병의원은 그 개설의사의 책임으로만 운영되어야 한다. 따라서 네트워크 형태의 병의원에 대한 세금이 별도로 존재하는 것이 아니고 각각의 병의원 원장이 세금을 부담하게 되는 것이다.

병원경영지원회사(Management Service Organization; MSO)

병원경영지원회사란 환자진료를 제외한 전반적인 병의원 경영지원서비스(직원채용 및 관리, 마케팅, 구매, 보험청구 등)를 제공하는 회사를 말한다. 의사는 진료만을 전념하고 여러 가지 경영의 과정은 병원경영지원회사가 맡는 형태이다. 현재 의료법상 의료법인의 경우에는 부대사업의 범위를 상당히 제한하고 있어 우리나라의 MSO는 브랜드와 마케팅을 단순히 공유하는 수평적인 네트워크 형태의 개인병의원에서 주로 많이 생겨나고 있는 것 같다. 즉 네트워크 형태의 병의원의 경우에는 이러한 병원경영지원회사를 별도로 두어 일정 보수를 지급하고 제반 경영활동을 지원받는 것이다.

Point 02

병의원을 개설하기 위하여
거쳐야 하는 서류절차는?

의사가 개인 병의원을 개설하는 경우 거쳐야 하는 행정적인 절차와 기타 서류절차 등이 있다. 이하에서는 시간의 순서대로 이행해야 하는 서류절차를 알아보기로 한다.

1. 의료기관 개설신고(또는 허가)

의사가 병의원을 개설해서 진료를 시작하려면 우선 보건소에 의료기관 개설허가(병원급이 아닌 의원급의 경우에는 개설허가가 아닌 개설신고)를 신청해서 의료기관 개설허가(또는 신고)필증이 나와야 한다. 허가(또는 신고) 전에 개원해서 진료를 하면 의료법에 위배된다. 따라서 병의원은 세무서에 사업자등록을 신청하기 전에 의료기관 개설허가(또는 신고)가 완료되어야 사업자등록을 할 수 있다. 병의원을 개설하기 위해서는 의료기관 개설허가서(또는 신고서)에 아래의 서류들을 같이 첨부해서 관할 시·군·구 보건소 민원실에 제출해야 한다. 의원 개설은 시장·군수·구청장에 대한 신고사항이며, 병원 개설은 특별시장·광역시장·도지사의 허가사항이다. 또한 개설신고를 한 뒤 변경사항이 생겼을 때에는 변경을 확인할 수 있는 서류와 변경신고서를 작성하여 관할 시·군·구 보건소 민원실에 제출해야 한다.

- 개설하려는 자가 법인(「공공기관의 운영에 관한 법률」에 따른 준정부기관 및 의료법인은 제외한다)인 경우: 법인설립허가증 사본, 정관 및 사업계획서
- 개설하려는 자가 의료인인 경우: 면허증 사본
- 건물평면도 및 그 구조설명서
- 진료과목 및 진료과목별 시설·정원 등의 개요설명서
- 사업계획서(개설허가 신청의 경우)

외국인 환자 유치 의료기관 등록신청

최근 중국 등지에서 국내로의 의료관광 수요가 많아지고 있다. 이렇게 외국인 환자의 진료를 유치하기 위하여는 의료법 제27조의2 및 동법 시행규칙 제19조의3(의료기관), 제19조의4(유치업자)에 따라서 등록이 필요하다. 등록을 하지 않고 외국인환자를 유치하는 경우는 의료법 위반으로서 행정처분 및 형사고발의 대상이 될 수 있다. 의료기관 또는 유치업자의 경우 아래의 서류를 갖추어 한국보건산업진흥원에 등록 신청을 해야 한다.

1. 의료기관의 경우

- 의료기관 개설신고증명서 사본 또는 별지 제17호서식의 의료기관 개설허가증 사본
- 사업계획서
- 제19조의3에 따른 진료과목별 전문의의 명단 및 자격증 사본

2. 유치업자의 경우

- 정관(법인인 경우만 해당한다)
- 사업계획서
- 제19조의4제1항에 따른 보증보험에 가입하였음을 증명하는 서류
- 제19조의4제2항에 따른 규모 이상의 자본금(현재 1억원임)을 증명하는 서류
- 제19조의4제3항에 따른 사무실에 대한 소유권이나 사용권이 있음을 증명하는 서류

2. 사업자등록

구체적인 내용은 Point 3에서 별도로 알아보기로 한다.

3. 신용카드 가맹점 등록(현금영수증 포함)

개원하여 진료비를 신용카드로 결제를 받거나 현금영수증 발급(10만원 이상 의무발급)을 원할 경우 신용카드영수증 또는 현금영수증을 발행하여야 한다. 따라서 사업자등록을 한 이후 즉시 신용카드가맹점 및 현금영수증 가맹점으로 등록하여야 한다. 통상 이러한 절차는 신용카드 단말기 회사인 VAN(신용카드부가통신사업사)사를 결정하면 그 밴사가 모든 카드사의 승인절차 등 전과정을 대행하여 준다.

4. 요양기관지정신청

국민건강보험공단에 의료보험환자와 의료보호환자에 대한 의료급여를 청구하여 받기 위하여는 국민건강보험심사평가원에 요양기관 지정신청을 해야 한다. 우리나라는 건강보험 당연지정제를 취하고 있으므로 요양기관 지정신청은 강제적이라 할 것이다.

- 요양기관 현황신고서
- 요양기관 지정 신청서
- 의료기관개설허가필증사본(의원은 신고필증 사본)
- 사업자등록증 사본
- 최초 의료보험환자 진료기록부 사본 1부(다만, 개설일로부터 30일을 초과하여 60일 이내에 지정신청하는 경우에 한함)
- 의료기사 자격증 사본

- 금융기관 구좌개설 통장 사본(병의원장 명의로 개설된 통장 사본)
- 의료인 면허증, 전문의 자격증 사본

5. 사업용 계좌 개설 및 신고하기

사업과 관련하여 수입금액을 은행 계좌로 입금 되거나 의약품 등의 사업 관련한 지출을 은행 계좌를 통하여 결제하는 경우에는 그 해당 계좌를 관할세무서에 사업용 계좌로 신고하여야 하며 향후에도 이 계좌를 사용하여야 한다. 다만 계좌를 변경하는 경우에는 변경한 계좌를 사업용 계좌로 변경신고하면 된다. 그리고 인건비 및 임차료를 지출하는 경우에는 현금으로 지출하지 말고 이러한 사업용 계좌를 통하여 이체하여야 한다. 사업용 계좌는 사업주의 편의대로 몇 개를 신고하여도 상관은 없다. 다만 개인적으로 사용하는 계좌는 신고할 필요가 없다.

이러한 사업용 계좌는 개원한 첫 해의 다음 해 개시일 6개월 이내에 사업용 계좌를 해당 사업자의 사업장관할세무서장(또는 주소지관할세무서장)에게 신고하여야 한다. 또한 이러한 사업용 계좌를 변경하거나 추가하는 경우에도 그 다음해 6월까지 이를 신고하여야 한다. 이렇게 사업용 계좌를 신고하지 않은 경우에는 미신고기간의 수입금액과 미신고기간의 사업용계좌 미사용 거래금액 중 큰 금액의 0.2%의 가산세를 부과하며, 사업용 계좌는 신고하였지만 그 계좌를 사용하지 않은 경우에는 미사용금액의 0.2%의 가산세를 부과한다.

Point 03

사업자등록 신청하기

사업자등록을 하면 고유번호인 사업자등록번호가 부여된다. 세무서는 이 사업자등록번호를 통해 사업자를 효율적으로 관리할 수 있으며, 사업자는 세무서에 사업과 관련한 여러 가지 세금신고나 신청을 할 때 이 번호를 활용하게 된다.

1. 사업자등록 신청

사업 시작일로부터 20일 이내에 필요한 서류와 함께 사업자등록신청서를 작성하여 병의원의 소재지를 관할하는 지역의 세무서에 제출해야 한다. 이때 업태는 '보건업', 종목은 진료하고자 하는 해당 '진료과목'으로 하고, 의료행위가 면세사업이므로 '면세사업자'로 사업자등록을 신청해야 한다. 다만 2014년 2월 이후 진료분부터는 대부분의 미용, 성형시술에 한하여 부가가치세를 과세하는 것으로 법이 개정되었다. 따라서 해당 과세대상 진료용역을 제공하는 경우에는 부가가세가 과세되는 사업과 그 외의 의료용역인 면세되는 사업을 동시에 영위하는 것으로 보아 이를 겸업사업자라 한다. 이러한 겸업사업자는 사업자등록신청 시 과세사업자로 등록을 하여야 한다. 이러한 부가가치세 과세사업자의 유형은 일반과세자와 간이과세자의 두 가지 유형이 있는데, 병의원의 경우에는 간이과세자를 허용하지 않으므로 일반과세자로 사업자등록을 하여야 한다. 이러한 겸업사업자의 경우에는 과세사업관련 수입과 면세사업관련 수입을 구분하여 과세사업부분에 대하여는 부가가치세를 신고 및 납부하여야 한다.

사업자등록 신청서류를 접수한 세무서는 신청일로부터 3일 이내에 사업자등록증을 교부하여야 한다. 통상적으로는 신청 즉시 나오는 것이 일반적이다. 다만, 사업장 시설이나 사업 현황을 확인하기 위하여 필요하다고 인정하는 경우에는 발급기한을 5일 이내에서 연장하고 조사한 사실에 따라 사업자등록증을 교부할 수 있다. 병의원은 의료기관 개설허가(또는 신고)를 받아야 하는 사업이므로, 다른 사업과 달리 의료기관 개설허가필증(또는 신고필증) 사본이 첨부되어야 한다. 따라서 의료기관 개설허가(또는 신고)가 먼저 이루어져야 한다. 의료기관개설허가 등이 나오지 않아 사업자등록을 할 수 없는 상황에서 의료기기 등의 구입이 일어나는 경우에는 세금계산서에 사업자등록번호 대신에 주민번호를 기재하여 받는 경우 이 역시 세금계산서로서의 효력을 인정하여 주고 있다.

●● 사업자등록 유형

구분	사업자등록
면세대상 의료용역만 제공	면세사업자로 사업자등록
과세대상과 면세대상 의료용역을 동시에 제공	과세사업자 중 일반과세자로 등록

의료 부대사업의 과세/면세 여부

- 병원구내식당: 입원환자에게 제공하는 음식물은 의료보건용역에 필수적으로 부수되는 용역으로서 부가가치세가 면제되지만, 외래환자 및 환자보호자 등에게 제공하는 음식물은 과세대상이다.
- 장례식장에서의 음식물 공급: 장례식장 영업자가 공급하는 문상객에게 제공하는 음식용역의 경우에는 부가가치세 면세대상인 장례용역에 필수적으로 부수되는 것으로서 동일하게 면세대상이지만, 장례식장 영업자가 아닌 별도의 사업자가 제공하는 음식용역은 부가가치세 과세대상이다.

2. 사업자등록 신청 시 필요한 서류

사업자등록 신청 시 사업자등록신청서와 함께 다음의 서류를 첨부하여 제출하여야 한다. 또한 사업자등록증상의 내용이 변경되는 경우에는 정정신고를 하면 된다.

- 사업장을 임차하여 사용하는 경우 '임대차계약서 사본 1부': 상가건물임대차보호법 적용대상이 되는 경우에는 임대차계약서 원본에 확정일자를 받기 위해서 임대차계약서 사본이 아닌 임대차계약서 원본과 사업장 도면(건물의 일부를 임차한 경우)이 필요하다.
- 자신의 소유 부동산을 사업장으로 사용하는 경우 부동산등기부등본(또는 건축물관리대장). 공부상에 등재되기 전이라면 분양계약서 또는 매매계약서 사본
- 의료기관 개설허가(또는 신고)필증 사본 1부(신고필증 등은 아직 미교부 상태지만, 관할 보건소에 신고 등이 접수된 경우에는 신고 등 접수증 사본을 제출)
- 2인 이상의 공동개원인 경우에는 공동사업 사실을 증명할 수 있는 동업계약서: 지분 비율 또는 손익분배 비율과, 동업자별 구체적인 출자액이 명시되어 있는 동업계약서를 공증받거나 인감증명서를 첨부해서 제출한다(공증을 받을 때에는 소정의 공증료를 부담해야 함).
- 위임장: 다른 사람에게 신청 절차를 위임할 경우는 위임장을 제출해야 한다.

의료허가(신고) 전 사업자등록

의료기관 개설허가(또는 신고) 전에 사업자등록을 할 때에는 의료기관 개설허가 등 신청서 사본, 사업계획서로 대신할 수 있다. 그러나 이러한 경우 사업자등록증이 즉시 교부되지 않고 현지확인을 거쳐 실제 사업을 개시할 것이라고 인정되는 경우 사업자등록증을 교부하여 준다. 이 경우 담당 공무원의 재량에 의해 사업자등록신청이 거부되는 경우도 있으니 주의를 요한다.

Point 04

병의원을 개설하면
소득세를 내야 한다는데?

1. 사업의 시작, 어떤 세금이 있나요?

봉직의 시절에는 세금에 대하여 특별히 몰라도 연말에 소득공제 서류를 병원에 제출하는 정도로만 충분했다. 그러나 본인의 책임과 계산으로 병의원을 개설하는 순간 세법상 사업자가 되는 것이며, 사업자가 되면 이행해야 할 세법상의 의무도 많아지고 또한 세금을 줄이기 위해서라도 세법에 대하여 최소한의 지식이 요구된다.

일반적으로 사업자가 되면 두 가지의 세금을 알아야 한다. 바로 부가가치세와 소득세이다.

부가가치세란 사업자가 판매하는 상품이나 서비스의 가격에 10%를 가산하여 받고 이를 보관하고 있다 국가에 내는 세금이며, 소득세란 1월 1일~12월 31일까지 매년 얻은 이익(수입 − 비용 = 이익)인 소득금액에 대하여 소득세율을 적용하여 나온 세금을 말한다. 봉직의 시절에도 소득세는 부담하였다. 본인이 납부하는 과정을 거치지 않았을 뿐, 매월 월급을 받을 때 근로소득세를 사업주가 공제하고 난 후에 월급을 받았을 것이다.

사업자가 되면 이러한 부가가치세와 소득세에 대한 세금을 본인이 자진해서 얼마를 벌었는지를 구체적으로 신고하고 납부하여야 한다. 따라서 세금에 대하여 전문가는 아니어도 어느 정도의 지식이 있어야 몰라서 당하는 불이익을 안 당할 수 있으며 또한 세금을 줄일 수 있는 노력들을 할 수 있는 것이다. 실제로는 이러한 세금을 계산하는 것이 상당히 복잡하고 난해하므로 세무사 등의 세무대리인을 선임하여 이러한 신고행위를 맡기고 있는 것이 일반적이다. 그렇다 하더라도 세무대리인이 모든 것을 알아서 챙겨줄 수는 없는 것이므로 본인도 어느정도의 세금에 대한 지식을 알아야 한다. 소득세의 구체적인 내용은 별도의 장을 두어 자세하게 알아보기로 하며 여기서는 간단히 대략적인 세금 계산구조에 대하여 알아보기로 한다.

2. 제가 번 소득은 어떻게 계산하나요?

우리나라는 개인이 매년 1월부터 12월까지 벌어들인 소득에 대하여 소득세를 부과하고 있다. 벌어들인 소득의 유형에 따라서 근로소득, 이자소득, 배당소득, 사업소득(부동산임대소득 포함), 기타소득, 퇴직소득, 양도소득으로 구분하고 있다. 개인이 얻을 수 있는 대부분의 소득에 대하여 과세대상으로 규정하고 있다. 이러한 소득 중에서 병의원을 운영하며 벌어들인 소득을 사업소득이라 한다.

이러한 병의원을 운영하여 발생한 소득은 어떻게 계산하며, 그로 인한 소득세는 어떻게 계산되는지에 대해 간단하게 알아보고 구체적인 내용은 다른 Point에서 자세하게 알아보기로 하자.

병의원의 총수입금액(매출액을 말함)에서 이를 얻기 위해 소요된 필요경비(비용을 말함)를 차감한 소득금액(이익을 말함)인 사업소득금액에 대하여 소득세를 부담해야 한다. 또한 이러한 사업소득 외에 종합과세되는 다른 소득금액이 있는 경우, 그것도 합산해 소득세율을 적용하여 소득세를 계산해야 한다.

● ● **종합소득세 계산과정은?**

용어	내용
총수입금액	병의원을 운영하여 얻은 진료수입 등을 말한다.
－ 필요경비	수입을 얻기 위하여 들어간 비용을 말한다.
＝ 사업소득금액	병의원을 경영하여 벌어들인 이익을 말한다.
＋ 사업소득 외의 다른소득금액	사업소득 외 종합과세되는 다른 소득이 있으면 합산한다.
＝ 종합소득금액	비과세나 분리과세를 차감한 개인이 1년동안 벌어들인 이익이다.
－ 종합소득공제	부양가족상황 등에 따라서 일정액을 소득공제하여 준다.
＝ 과세표준	세율을 적용하는 대상금액이다.
× 세율	6~40%
＝ 산출세액	세율을 적용한 금액이다.
－ 세액공제 및 감면	정책목적상 일정액을 세액에서 감면하는 것이 있다.
＝ 결정세액*	개인이 부담해야 하는 소득세

*이렇게 계산된 소득세의 10%를 지방소득세로 지방자치단체에 추가로 납부해야 한다.

3. 종합과세를 모르면 불이익을 당합니다.

우리나라는 부동산 등의 양도소득과 퇴직소득을 제외하고는 그 해에 얻은 모든 소득에 대하여 종합과세를 하고 있다. 종합과세란 개별적으로 발생한 소득에 대하여 개별적으로 세율을 적용하여 세금을 계산하는 방식이 아니라 모든 소득을 다 더한 소득금액에 세율을 적용하는 방식이다. 이렇게 하는 이유는 우리나라의 소득세율은 소득금액이 커질수록 부담하는 세율이 올라가는 초과누진세율을 적용하고 있다. 따라서 개별소득에 대하여 각각의 세율을 적용하는 것보다는 소득을 다 더한 금액에 세율을 적용하는 것이 세금이 더 많이 나오게 된다. 이렇게 하는 것이 공평한 세금이라는 사회적 합의가 있는 것이다.

간혹 실무에서 보면 의사가 A병원에서 봉직의를 하다가 연도 중에 퇴사하고 다른 B병원에 근무를 하게 되는 경우가 있는데, 이 경우 봉직의는 A병원에서 퇴사 시에 A병원의 근로소득계산서인 '근로소득원천징수영수증'을 B병원에 제출하여 두 근무지의 소득을 합산하여 연말정산을 하여야 함에도 이를 빼먹는 경우가 종종 있다. 이러한 경우 나중에 세무서에서 2 이상의 근무지 소득을 합산하여 세금을 고지하게 되어 가산세까지 물게 되는 경우를 심심치 않게 보게 된다. 또한 봉직을 하다가 중간에 개원을 하게 되는 경우에도 봉직의 때의 근로소득과 개원한 후의 사업소득을 합산해야 하는데 이를 합산하지 않는 경우도 종종 보게 된다. 따라서 기존 근무지 병의원에서 퇴사 시에 근로소득원천징수영수증을 반드시 챙겨서 다른 소득이 있는 경우에는 같이 합산하여 신고해야 한다는 것을 잊지 말아야 할 것이다. 다만 일부 종합과세 대상임에도 소득을 지급받을 때 세금을 원천징수 당함으로써 과세를 종결하는 경우도 있는데, 그 대표적인 소득이 이자소득과 배당소득이다. 그러나 이자소득과 배당소득을 합친 금액이 2,000만원을 초과하는 경우에는 종합과세 대상이다.

Point 05

앞으로는 병의원도
부가가치세를 내야 한다는데?

부가가치세란 상품이나 서비스를 구입하여 소비하는 자에게 부담시키는 소비세이다. 우리나라는 최종소비자가 이러한 부가가치세를 부담하도록 설계되어 있다.

우리나라는 국민의 진료비 경감을 위하여 의료업에 대하여는 부가가치세를 과세하지 않고 있다. 이를 '면세사업자'라고 한다. 다만 최근 미용 및 성형시술에 대하여는 부가가치세를 과세하는 것으로 법이 개정되었다. 따라서 병의원의 경우도 과거와는 달리 부가가치세가 무엇이며 그 납부세액은 어떻게 계산하는지에 대하여 그 개념은 알아두어야 할 것이다. 부가가치세 과세용역을 제공하지 않는 병의원은 여전히 부가가치세가 과세되지 않는다. 그러나 이러한 면세사업자도 병의원에서 사용하는 장비나 물건 등을 구입할 때에는 세금계산서를 받아야 하며 부가가치세를 부담해야 한다.

1. 부가가치세란?

부가가치세란 사업자가 영업활동을 하는 과정에서 부가된 가치(added value)에 대하여 내는 세금을 말한다. 이러한 가치는 시장에서 평가받는 가격이라는 형태로 계산된다.

이러한 부가가치세는 물건을 구입하는 사람(소비자)이 부담하는 세금이다. 그 이유는 소비자가 물건을 구입할 때 지불하는 물건 값에 부가가치세(물건가액의 10%)가 포함되어 있기 때문에 사실상 소비자가 세금을 부담하는 것이다. 법에서도 부가가치세는 사업자가 물건의 판매 시에 그 구입자에게 전가하도록 규정하고 있다. 사업자는 소비자가 부담한 세금을 잠시 보관했다가 국가에 내는 것에 불과하다고 할 것이다. 그러나 경제학적 측면에서는 사실상 사업자가 부가가치세를 부담하는 결과가 발생하기도 한다. 예를 들어 기존에 면세되던 미용시술이 과세로 전환되어 환자로부터 기존 진료비에 부가가치세 10%를 가산하여 진료비를 받아야 하는데, 시장이 상당히 경쟁적인 경우 그 만큼 가격을 올리지 못하여 결과적으로 사업자 본인이 부가가치세를 부담하게 되는 경우가 발생하게 되기도 한다. 이는 실제로 피부미용 및 성형수술을 하는 병의원에서 나타나고 있는 현상이다.

2. 부가가치세 과세대상

최근 세법시행령 개정으로 국민건강보험법에 따라 요양급여 대상에서 제외되는 다음의 의료용역은 2014년 2월 이후 진료용역을 재공하는 분부터 부가가치세를 과세하는 것으로 그 범위를 대폭 확대하였다. 이렇게 되면 사실상 치료목적을 제외한 미용, 성형수술 등의 의료용역을 모두 부가가치세가 과세되는 것으로 보아야 할 것이다. 그러나 실제로 의료행위라는 것이 새로운 형태가 출현하고 있으며 또한 구체적인 사안마다 그 주된 목적이 미용 또는 성형목적인지 판정하기 어려운 경우도 많을 것으로 사료되어 과세관청과 납세자간의 다툼이 예상된다고 할 것이다.

●● 부가가치세 과세대상 변경내용

종전 (2011년 7월 이후 진료분부터 과세)	• 쌍꺼풀수술 • 코성형수술 • 유방확대·축소술 다만, 유방암 수술에 따른 유방 재건술은 제외한다. • 지방흡인술 • 주름살제거술
개정 (2014년 2월 1일 이후 진료분부터 과세)	• 쌍꺼풀수술, 코성형수술, 유방확대·축소술(유방암 수술에 따른 유방 재건술은 제외한다), 지방흡인술, 주름살제거술, 안면윤곽술, 치아성형(치아미백, 라미네이트와 잇몸성형술을 말한다) 등 성형수술(성형수술로 인한 후유증 치료, 선천성 기형의 재건수술과 종양 제거에 따른 재건수술은 제외한다)과 악안면 교정술(치아교정치료가 선행되는 악안면 교정술은 제외한다) • 색소모반·주근깨·흑색점·기미 치료술, 여드름 치료술, 제모술, 탈모치료술, 모발이식술, 문신술 및 문신제거술, 피어싱, 지방융해술, 피부재생술, 피부미백술, 항노화치료술 및 모공축소술

Point 06

부가가치세 납부액은
어떻게 계산하나요?

1. 물건 등을 구입하고 받은 세금계산서의 매입세액은 공제가 되나요?

사업을 하기 위해서는 다른 사업자로부터 물건이나 서비스를 구입하게 된다. 병의원의 경우 의료기기·인테리어·의약품·임대료 등 다른 사업자로부터 돈을 지불하고 이러한 물건 등을 구입하게 된다. 이러한 거래사실을 증명하는 서류로서 판매자는 세금계산서를 구매자에게 발행하게 된다. 세금계산서에는 물건 값이 얼마이고, 그에 대한 10% 부가가치세는 얼마인지 기재되어 있다. 해당 거래에 부가가치세가 포함되어 있음을 명확히 드러내는 증거서류라고 할 수 있다. 세금계산서는 이러한 기능 외에 사업자의 매출을 파악하는 과세자료, 대금영수증, 장부작성에 있어서 중요한 증빙자료가 된다. 최근에는 대부분의 거래에 대하여 전자세금계산서 발행이 의무화되어 이러한 세금계산서를 전자로 발행되어 사업자 본인의 이메일과 동시에 국세청 전산으로 전송되는 시스템을 취하고 있다.

사업자의 경우 구입한 물건이나 서비스의 가격에 포함된 10%의 부가가치세는 본인이 납부해야 하는 매출에 대한 10%인 부가가치세에서 차감하여 준다. 왜냐하면 사업자는 물건이나 서비스를 소비하는 자가 아니라 물건이나 서비스를 생산하기 위해서 구입한 물건이나 서비스이므로 이에 대한 부가가치세는 납부할 세금에서 차감해 주어야 하기 때문이다. 다만, 이에 대한 객관적인 증빙서류로서 세금계산서를 받아야만 이러한 매입세액공제를 허용하여 준다. 신용카드영수증과 현금영수증도 객관적인 증빙이므로 이러한 세금계산서로서의 효력을 인정하여 주고 있다.

> 부가가치세 납부세액＝매출액×10%(매출세액)−매입액×10%(세금계산서로 확인되어야 함)

2. 부가가치세 계산사례

잘나가 피부과의 사례를 들어 부가가치세를 어떻게 계산하는지 알아보기로 하자.

잘나가 피부과의 2017년 1월 1일부터 2017년 6월 30일까지의 수입과 지출 내역은 다음 표와 같다.

구분	과세용역(미용 및 성형)	면세용역(피부치료 등)
수입금액	5억 5천만원	3억원
세금계산서 구입내역	보톡스, 필러 등 1억 1천만원	5천만원
세금계산서 공통구입내역	임대료 5천 5백만원, 광고비 3천 3백만원	

* 수입금액과 구입금액은 부가가치세가 포함된 금액이다.

●● **부가가치세 계산**

구분	금액(원)	내용
매출에 대한 부가가치세	50,000,000	과세용역에 대하여만 과세되므로 수납액 5억 5천만원 중 부가가치세로 받은 5천만원이 매출에 대한 부가가치세이다.
- 매입에 대한 부가가치세	10,000,000	과세용역과 관련하여 보톡스 등 재료 및 기기 등을 구입하며 받은 세금계산서상의 부가가치세는 납부할 부가가치세에서 차감하여 주어야 한다.
	5,000,000*	임대료와 광고비는 과세와 면세용역에 공통으로 관련된 것이므로 부가가치세를 제외한 수입금액비율로 안분하여 과세분 만큼은 차감하여 준다.
=납부할 부가가치세	35,000,000원	잘나가 피부과가 납부해야 할 부가가치세

* 8,000,000×{5억원(과세용역수입)÷8억원(총수입＝과세용역수입＋면세용역수입)}

3. 면세사업자와 부가가치세의 관계

면세사업자도 자신이 소비할 목적이 아니라, 물건이나 서비스의 생산에 사용하기 위하여 물건 등을 구입한 경우 이때 부담한 매입세액을 공제해주어야 할 것으로 생각할 수 있으나, 공제해주지 않는다. 그 이유는 면세사업자는 물건이나 서비스 판매 시 그 구매자에게 판매액의 10%인 부가가치세를 거두어들여 국가에 납부할 의무가 없으므로 구입단계에서 부담한 매입세액을 공제할 대상인 매출세액이 없기 때문이다. 따라서 면세사업자는 물건 등의 구입 시 부담한 매입세액을 자신이 부담하지 않기 위해서 판매하는 물건 등의 가격에 그 부가가치세만큼 반영하여 물건 등의 가격을 책정하면 되는 것이다.

외국인관광객 환자 부가가치세 환급 한시적 시행

1. 내용

외국인의 의료관광을 활성화하기 위하여 2016년 4월 1일부터 2017년 12월 31일까지 한시적으로 외국인환자 유치 등록 의료기관에서 부가가치세 과세대상인 미용성형 의료용역을 제공받은 외국인관광객에게 진료비에 포함된 10%의 부가가치세를 환급하여 주기로 하였다.

따라서 외국인환자 유치 미등록 의료기관은 부가세 환급 대상이 아니며, 환급을 위해서는 앞서 "Point 2"에서 설명한 대로 외국인환자 유치 의료기관으로 등록하여야 한다. 이러한 부가가치세 환급 업무는 세법에서 전자적 방식으로 업무를 하도록 규정하고 있다. 따라서 해당 의료기관은 해당 업무 수행을 대행해 주는 국세청에서 승인한 환급창구운영사업자와 가맹점 계약을 맺은 후에 환급 업무를 진행하여야 한다.

어느 사업자를 선택하여도 무방하며, 의료기관은 먼저 환급창구운영사업자와 가맹 계약을 맺으면 단말기 설치 등 추가 업무는 환급창구운영사업자 측에서 진행하게 된다. 이 경우 의료기관이 부담해야 하는 별도 수수료는 없다.

2. 구체적인 절차

외국인환자 유치 등록 의료기관은 외국인관광객에게 부가가치세를 포함한 진료비 전액을 수령하고, 이에 대한 부가가치세 환급은 해당 의료기관과 가맹점 계약을 맺은 부가가치세액을 환급하는 사업을 영위하는 자(이하 "환급창구운영사업자"라 한다)가 대신하여 부가가치세를 일단 외국인관광객에게 환급하여 주고 사후 해당 의료기관과 환급창구운영사업자가 정산하는 방식이다. 그 구체적인 절차는 아래와 같다.

① 외국인환자 유치등록 의료기관은 외국인 관광객에게 부가가치세 과세대상 의료용역을 제공한 경우에는 "의료용역공급확인서"를 해당 외국인관광객에게 교부하고, 환급창구운영사업자에게 정보통신망을 이용하여 전자적 방식으로 전송하여야 한다.

외국인관광객 환자 부가가치세 환급 한시적 시행

② 이러한 부가가치세 환급을 받으려는 외국인관광객은 환급대상 의료용역을 공급받은 날부터 3개월 이내에 환급창구운영사업자에게 해당 의료용역공급확인서를 제출하여야 하며 환급창구운영사업자는 해당 내용에 따라서 부가가치세를 외국인관광객에게 환급하여 준다. (실제로는 환급창구운영사업자가 국세청이 승인한 일정 환급 수수료를 환급대상 부가가치세에서 차감하고 지급한다)

③ 환급창구운영사업자는 환급을 하여준 외국인관광객의 환급내역을 해당 의료기관에 통보하고, 해당 의료기관은 해당 환급액을 환급창구운영사업자에게 지급하여야 한다.

④ 해당 의료기관은 부가가치세를 신고 및 납부 시 환급창구운영사업자에게 지급한 환급액 만큼을 본인이 국가에 납부해야 할 부가가치세에서 차감하도록 하고 있다.

Point **07**

개원자금 대출,
알아야 할 사항은?

최근 병의원이 고급화·대형화되면서 개원자금 역시 상당한 금액이 소요되는 것이 현실이다. 개원자금을 조달하는 방법은 첫째 은행에서 대출을 받는 방법, 둘째 부모 등으로부터 증여를 받는 방법, 셋째 자기가 벌어놓은 자금으로 개원하는 방법 등이 있을 것이다.

최근 이 중에서 가장 일반적 경우는 은행으로부터 대출을 받는 경우일 것이다. 이렇게 대출받은 돈을 차입금이라고 한다.

1. 은행에서 빌린 돈을 개원자금으로 사용하면 이자는 비용 처리되나요?

은행으로부터 돈을 빌리는 방법은 의사 본인의 신용으로 대출을 받는 방법, 본인(또는 타인) 소유의 부동산을 담보로 제공하여 대출을 받는 방법(대출 명의는 본인으로 해야 함) 등이 있을 것이다. 은행에서 빌리는 자금으로도 개원자금에 부족한 경우에는 일부 의료기기를 리스를 통하여 조달하기도 한다.

이렇게 은행으로부터 대출받은 자금으로 병의원 건물 분양대금이나 임대보증금, 의료장비, 인테리어 등 사업과 관련하여 투자했다면, 사업을 통한 소득금액(이익) 계산 시 차입금에 대한 이자는 사업상의 비용으로 공제된다. 그러나 대출받은 자금을 병의원과 아무 관련없이 사용하는 경우에는 그 자금에 대한 이자비용은 비용으로 공제 되지 않는 것이다. 연간 병의원의 소득금액(이익)이 1억원을 초과하는 경우라면 이러한 이자비용이 세금을 줄여주는 효과는 대략 40% 정도 된다. 만일 은행에 5%의 이자를 지출하고 있다면 이 중에서 40% 만큼은 세금을 줄여주므로 실제로 부담하는 이자는 이자율 5%의 60%인 3% 정도를 절세효과를 고려한 실질적 이자율이라고 볼 수 있다.

타인 소유 부동산 담보대출 시 유의사항

일반적으로 신용대출보다는 부동산 담보대출의 이자율이 저렴한 것이 일반적이다. 따라서 타인 명의로 된 부동산을 담보로 본인이 대출을 받는 경우가 있다. 예를 들어, 부모는 담보만 제공하고, 대출 명의는 개원하는 본인의 명의로 하는 경우가 있을 수 있다. 최근 이러한 경우에 아래의 금액에 대하여 타인으로부터 담보제공이익을 제공받은 것으로 보아 증여세를 과세하는 것으로 세법이 개정되었다. 이 경우 차입기간은 1년 단위로 계산하며 아래의 이익이 1000만원 이상인 경우에만 적용한다.

부동산 담보제공이익 = 차입금×적정이자율(현재는 4.6%임) – 차입시 실제로 지급한 이자

---

2. 공동개원 시 출자금을 대출받은 경우 주의해야 할 사항은?

현재 과세당국의 해석과 법원의 판결례에 의하면 "공동사업자가 공동사업과 관련하여 금융기관 등으로부터 차입한 차입금에 대한 이자비용은 필요경비로 인정되는 것이나, 공동사업자가 공동사업에 출자하기 위하여 차입한 차입금에 대한 이자비용은 당해 공동사업장의 소득금액 계산에 있어 필요경비에 산입할 수 없는 것"이라고 해석하고 있다. 결국 해당 차입금이 출자를 위한 차입금인지 아니면 공동사업자의 공동사업을 위한 차입금인지 여부가 필요경비의 인정 여부를 결정짓는 기준이라 할 것이다. 이는 공동사업 구성원간에 정한 동업계약의 내용 및 출자금의 실제 사용내용 등 사실관계를 종합적으로 고

려하여 판단해야 할 것이라고 하고 있다. 이러한 해석만으로는 구체적으로 어떻게 해야 공동사업장의 사업을 위한 차입금으로 인정받을 수 있는지의 여부가 명확치가 않아 실무상 상당히 판단하기 어려운 부분이라 할 것이다.

단독으로 사업을 영위하는 경우에는 은행 등에서 빌린 차입금에 대하여 사업에 사용하면 그 이자가 사업소득을 계산 시 필요경비로 인정되는데 반하여 공동사업의 경우에는 그 소득금액을 계산 시 공동사업의 수입금액과 필요경비를 동업자별로 구분하지 않고 하나의 실체로 보아 계산하라고 규정하고 있다. 이러한 이유로 동업자가 출자금을 각각 조달하는 과정에서 발생하는 비용은 개인적으로 이자를 부담한 것이지 공동사업의 비용이 아니므로 필요경비로 인정할 수 없다는 것이다. 다소 불합리한 부분이 있으나 현재 법원도 이러한 판단을 하고 있으므로 각별히 유의하여야 한다.

공동사업에 있어 출자라 함은 동업자 각자가 공동사업에 대한 지분을 얻기 위하여 서로 약정한 자금 등을 공동사업에 이전하는 것을 말한다. 공동사업의 구성원인 동업자가 이러한 출자금을 마련하기 위하여 대출을 받아서 이를 공동사업에 사용하는 경우 그 이자를 필요경비로 인정할 수 없다는 것이다. 그 이유는 출자를 위한 동업자의 차입금은 공동사업에서 부담하는 것이 아니라 동업자 각자가 그 책임을 지는 것이므로 공동사업장의 입장에서는 필요경비가 아니라는 것이다. 따라서 공동사업에 있어서 이러한 차입금을 출자의 형식이 아닌 공동사업에서 빌린 것으로 처리를 할 필요가 있는데 문제는 공동사업장은 별도의 법률상 권리의무의 주체가 되는 인격이 없으므로 은행에서 공동사업장의 명칭으로 돈을 빌려줄 수가 없다는 것이다. 동업자의 개인 명의로만 대출이 이루어질 수밖에 없는 것이다. 상당히 이해하기 어려운 내용이므로 사례를 들어 이를 구분하여 보기로 한다.

사례 1

갑과 을은 공동개원을 결심하고 필요한 자금 6억원에 대하여 출자금을 각각 은행대출을 받아 3억원씩을 각자 출자하였다. 따라서 출자금 3억원은 공동사업장의 지분 50%를 얻는 대가로 지급된 것으로서 그 원금과 이자상환액은 공동사업장인 병원이 책임지는 것이 아니라 동업자 각자가 알아서 원금과 이자를 부담하는 내용이다.

≫ 본 사례의 경우에는 공동사업 출자를 위한 개인적인 차입금이므로 명백히 공동사업장이 차입한 것이 아니므로 차입금에서 발생한 이자비용은 현재 해석상으로는 필요경비로 인정되지 않는다.

사례 2

갑과 을은 공동개원을 결심하고 동업계약을 체결하였다. 그 계약서의 내용에 의하면 개원 시 소요되는 필요자금은 6억원으로 하였고, 이 중에서 2억원은 각자의 책임 하에 각각 1억원씩 출자하는 것으로 하고 필요자금 6억원 중 나머지 4억원은 출자가 아닌 공동사업장이 책임지는 것으로 하여 대표 공동사업자인 갑의 명의로 대출을 받고 을은 당해 차입금에 대하여 연대보증을 하였다.

그리고 4억원에 대한 이자와 원금은 갑이 개인적으로 부담하는 것이 아니라 공동사업장에서 발생한 수익으로 부담하며, 남은 이익금에 대하여 갑과 을은 이익배분을 하기로 약정하였다.

≫ 본 사례의 경우에는 차입금 4억원에 대하여 동업자 각자가 책임을 지는 출자의 형식이 아닌 공동사업장이 차입한 형식을 취하였다. 따라서 이 경우에는 차입금에서 발생한 이자비용은 공동사업장의 필요경비로 인정되어야 하는 것으로 판단된다. 그러나 실제 실무에서 명확히 출자를 위한 차입금인지 아니면 공동사업장이 차입한 것인지의 여부를 판단하기는 쉽지 않을 가능성이 있다.

Point 08

개원자금을 증여받으면
어떻게 되나요?

실무상 개원자금을 전액 증여받아 개원하는 경우는 드물지만 간혹 그러한 경우를 보게 되는데, 증여란 재산을 아무 대가 없이 무상으로 받는 것을 말한다. 증여를 받으면 증여세를 신고·납부해야 하는데, 증여자(재산을 이전하는 자)와 수증자(재산을 이전받는 자)와의 관계에 따라 증여가액에서 다음의 구분대로 일정액을 공제해 주고 있다.

●● **증여공제의 구분**

구분	증여재산공제액 (증여 시점마다 공제하는 것이 아니라 10년 동안 공제액임)
배우자로부터 증여를 받는 경우	6억원
직계존속(조부모, 부모)으로부터 증여를 받는 경우	5천만원(*미성년자가 직계존속으로 부터 증여받는 경우에는 2천만원)
직계비속(자녀, 손주)으로부터 증여를 받는 경우	5천만원
기타 친족(배우자의 부모 포함)으로부터의 증여	1천만원

* 민법은 만 19세에 이르면 성년이 된다고 규정하고 있다.

우리나라의 납세의식은 그다지 높은 편은 아니어서, 재산을 증여받아도 그 사실이 국세청에 자동 통보되는 경우 외에는 자진해서 세무서에 신고하고 증여세를 납부하는 예는 드물다. 이런 이유로 세무서는 소득신고 없이 재산이 현저하게 증가한 경우, 이를 어떻게 취득했는지 그 출처를 조사하고 있다. 증여를 받아 재산이 증가한 경우라면 당연히 증여세가 부과되고, 단순히 소득세 신고를 하지 않은 것이라면 세무조사를 통해 소득세가 소급 추징된다.

국세청은 재산(부동산, 주식, 신규개업자금 등) 취득 및 소비현황 등을 분석하여 이러한 자금이 세금을 제대로 신고한 자금인지를 과거연도의 소득상황, 재산양도상황 등을 전산 분석하여, 취득한 재산의 자금 원천이 분명하지 않으면 자금출처조사를 하여 그 원천이 증여이면 증여세를 부과하고 그 동안의 소득을 누락한 경우라면 소득세를 추징하게 된다.

사례 | 부모로부터 증여받은 경우

나부자 의사는 아버지로부터 개원자금으로 사용하라며, 2억원의 예금을 증여받았다. 이 경우 증여세는 얼마인가?

● ● **증여세 계산과정**

증여재산가액	200,000,000원
− 증여재산공제액	50,000,000원
= 과세표준	150,000,000원
산출세액(과세표준×세율)	100,000,000×10% +(150,000,000−100,000,000)×20% =20,000,000원
− *신고세액공제 (3월이내 신고 시 7% 공제)	1,400,000원
= 납부할 세액	18,600,000원

*2017년 이후 상속 및 증여분부터는 신고세액공제가 기존의 10%에서 7%로 하향 조정됨

● ● **상속세 및 증여세 세율**

과세표준	세율
1억원 이하	10%
1억 초과~5억 이하	20%
5억 초과~10억 이하	30%
10억 초과~30억 이하	40%
30억 초과	50%

초과누진세율 적용의 이해

우리나라는 소득금액이나 재산의 크기에 따라 단계별로 세금 부담율이 증가하는 초과누진세율구조 방식을 취하고 있다. 예를 들어 위의 증여세의 경우 과세표준이 2억이라면 2억 전체에 대하여 위의 표에서 정한 "1억 초과 ~ 5억 이하" 구간인 20%의 세율을 적용하는 것이 아니라 1억까지는 "1억원 이하" 구간인 10%의 세율을 적용하고 전체인 2억 중에서 1억원을 초과하는 부분인 1억에 대해서 위의 표에서 정한 것처럼 20%의 세율을 적용하여 이를 더해 세금을 산출하는 것이다(=1억×10%+1억×20%). 이는 논리적으로 당연한 귀결임을 이해할 필요가 있다. 예를 들어, 과세표준이 1억 1만원인 경우 고작 1억에서 1만원 증가했다고 1억 1만원 전체에 대하여 20%의 세율을 적용하면 과세표준이 1억원인 경우보다 세금이 2배 이상 증가하게 된다. 차라리 1만원이 적은 편이 세금을 공제한 후 남은 금액이 더 많게 되는 것이다. 따라서 전체 금액 중 해당 구간에 대해서는 그에 해당하는 세율을 적용하고, 그 구간을 넘어서는 부분에만 다음 단계의 세율을 적용하는 것이다. 이러한 세율구조는 소득세와 법인세 등 대부분의 직접세에 적용하고 있다. 다만, 부가가치세 등의 간접세의 경우에는 하나의 세율(예를 들어, 10%)만을 정하고 있어 과세표준의 크고 적음에 따라서 세금이 비례적으로 증감하게 되어 있다.

Point 09

그 동안 벌어놓은 내 돈...
개원 시 사용해도 될까요?

개원을 준비하는 의사들 중 돈을 빌려 개원할지 또는 벌어놓은 내 돈(자기자금)으로 개원하는 게 좋을지 고민하는 경우가 있다. 개원자금을 모두 자기자금으로 사용하는 경우에는 사업의 안전성은 있지만, 다음과 같은 점을 고려해 볼 필요가 있다.

1. 내 돈을 다른 용도로 활용했을 때의 이익을 고려할 필요가 있다.

많은 사람들이 돈을 빌리는 경우에는 이자비용이 발생하지만, 자기자금에 대해서는 어떠한 비용도 발생하지 않는다고 오해하는 경우가 많다. 개원 시 소요되는 투자비용을 자기자금으로 사용하는 경우에는 이를 개원자금이 아닌 다른 투자처에 사용했을 때 얻을 수 있는 이익을 놓치는 셈이다. 이러한 경우에 포기되는 이익을 기회비용이라 한다. 즉, 기회비용이란 선택 가능한 투자안들 중에 어느 하나의 투자 안을 선택함으로써 잃게 되는 다른 투자안의 이익을 말한다. 따라서 자신이 선택한 투자안의 이익이 기회비용을 초과할 때 투자에 대한 의사결정이 타당한 것이다. 다음 사례를 보자.

나꼼꼼 의사는 현재 그 동안 봉직하며 벌어놓은 여유자금 3억원이 있다. 이번에 병원을 퇴직하고 개원을 하려하는데, 여유자금을 사용할 지 또는 대출을 받을지를 고민하고 있다. 현재 여유자금은 ELS 펀드에 들어가 있는데 연평균 수익률은 5% 정도 된다고 한다.

(나꼼꼼 의사는 은행에서 대출을 알아보니 이자율이 5% 정도 된다고 하였다. 나꼼꼼 의사는 금융소득 종합과세 대상은 아니다)

≫ 대출을 받아 개원자금에 사용하는 경우 대출금의 이자지급액에 대하여는 사업상 비용으로 인정받을 수가 있다. 소득세는 과세표준이 8,800만원에서 1억 5천만원까지는 세율이 35%이다. 여기에 주민세 10%가 과세되므로 가장 높은 구간의 세부담율은 38.5%가 된다. 나꼼꼼 의사가 개원하여 순이익을 1억 이상은 나올 것으로 예상하는 경우에는 이자지급액의 절세효과는 이자금액의 38.5%가 되는 것이다. 따라서 절세효과를 고려한 실질적인 이자율은 5%의 61.5%(100%-38.5%)인 3.075가 되는 것이다. 따라서 여유자금은 계속 ELS 펀드에 놔두고 대출을 받아 개원하는 것이 더 유리한 것이다.

다만, 위의 사례는 소득세의 적용세율을 높은 단계의 세율로 적용하였다. 그러나 개원 초기에는 이익이 크지 않아 최고세율이 아닌 더 낮은 구간의 세율이 적용될 수도 있다. 이 경우에는 이자비용의 절세효과가 작아, 실질적인 이자율은 더 높아질 수 있다.

또한 진료수입의 저조로 병의원의 경영이 어려워지면 이자비용 때문에 자금사정이 더욱 악화될 수 있다. 이럴 때에는 다른 곳에 투자된 자기자금을 병의원에 투자해야 하는데, 부동산처럼 유동성이 낮은 자산에 투자한 경우에는 즉시 현금화가 되지 않아 어려운 상황에 빠질 수도 있다. 또한 위 사례와 같이 안정적으로 투자수익을 얻기가 현실적으로 어려우며, 투자수익을 올리기 위해 위험자산(주식 등)에 투자한 경우에는 투자원금을 회수하지 못할 수도 있다.

2. 세무서에 신고된 소득금액을 검토하라.

개원자금을 전액 자기자금으로 활용할 경우, 이 금액이 세무서에 신고됐던 소득금액과 균형이 맞는지 검토해볼 필요가 있다. 이는 개원자금 액수가 크면 클수록 더욱 고려되어야 한다. 만약 세무서에 신고된 소득금액과 다를 경우, 자칫 자금출처조사로 이어져 그 동안의 소득발생과정에 대한 소득세조사로 이어질 수 있기 때문이다. 사례를 통해 알아보자.

> **사례**
>
> 잘나가 의사는 지방에서 5년 동안 개원하여 실제로는 10억원 이상의 소득을 얻었으나 세무서에는 5억원 정도만 소득을 신고하였다. 그러던 중 병원을 서울로 이전하면서 10억원 상당의 부동산을 구입하여 개원하였다. 이 때 구입자금은 그동안 병원을 하여 벌어놓은 소득으로 충당하였다. 어느 날 잘나가 의사는 세무서로부터 자금출처조사에 대한 안내문을 받았다. 안내문에는 시가 10억원의 부동산의 구입자금을 어떻게 조달했는지를 밝히라는 내용이었다. 잘나가 의사는 자금출처를 밝힐 방법이 없어 세무조사 과정에서 그동안 내지 않았던 소득세와 가산세를 추징당했다. 결국 잘나가 의사는 '일부는 대출을 받아 부동산을 구입할걸...'하고 후회하였다.

Point 10

병의원 건물을 구입하려는데?

병의원 입지 선정과 그에 따른 사업장 구입은 성공개원을 위해 무엇보다 중요하다. 사업장을 구하는 방법으로는 부동산의 소유권을 직접 취득하는 방법, 건물소유주로부터 일정 기간 사용, 수익할 수 있도록 건물을 빌리는 임대차의 방법 등이 있다.

부동산 구입은 부동산의 소유권을 취득하는 것으로서, 여기에는 대금을 지불하고 직접 구입하는 방법, 토지를 매입하고 그 위에 건물을 신축해 취득하는 방법, 타인으로부터 증여받는 방법 등이 있다. 병의원으로 사용할 부동산을 취득하는 경우, 부동산의 취득가액 중 건물의 가액(토지는 감가상각 대상이 아님)은 감가상각을 통해 병의원의 비용으로 처리된다.

1. 부동산 취득에 따른 세금

부동산을 취득하는 경우에는 취득세 등의 세금을 부담해야 하는데, 이 역시 부동산의 취득가액에 포함된다. 2006년부터 부동산 실거래에 대한 신고제가 실시됨에 따라 취득세 등의 세율을 적용하는 금액은 실제 취득가액을 기준으로 하며, 또한 부동산 거래당사자가 계약일로부터 30일 이내에 실제거래가액 등 거래계약 내용을 사실대로 시·군·구 등 행정기관에 의무적으로 신고하도록 의무화하고 있다. 신고의무를 지키지 않을 경우 최고 취득세의 3배에 해당하는 과태료를 물게 될 수도 있다. 주택이 아닌 상가건물의 경우 현재 취득세 등의 세율은 아래의 표와 같다.

● ● **부동산의 취득유형에 따른 세금**

구분	매매	증여*	상속*	직접 건축하는 경우 (건물만 해당함)
취득세	4%	3.5%	2.8%	2.8%
농어촌특별세	0.2%	0.2%	0.2%	0.2%
지방교육세	0.4%	0.3%	0.16%	0.16%
계	4.6%	4%	3.16%	3.16%

* 증여나 상속을 받는 경우에는 위의 거래세 외에도 국세인 증여세와 상속세가 과세될 수 있다.

2. 병원 부동산 취득가액에 대한 세무처리

병의원으로 사용할 부동산의 취득가액은 병의원의 자산이 된다. 따라서 이러한 취득가액은 병의원의 필요경비로 인정되어야 한다. 그러나 이러한 부동산은 한해만 사용하는 것이 아니라 수해에 걸쳐 사용되므로 그 취득가액은 사용연수동안 안분하여 필요경비로 인정된다. 이를 감가상각이라 한다. 그러나 여기서 주의할 점은 토지는 시간이 지난다고 해서 그 가치가 떨어지는 자산이 아니므로, 감가상각을 하지 않는다는 사실이다. 따라서 부동산의 취득가액 중 토지 분을 제외한 건축물 부분에 대해서만 감가상각이 가능하다. 부동산 구입 시 매매계약서 등에 토지와 건축물의 가액이 구분된 경우, 그 구분대로 토지와 건축물의 가액을 계산하면 된다. 그러나 매매계약서 등에 토지와 건축물의 구분 없이 일괄적인 금액이 기재되었다면 공정한 시가금액으로 안분하고, 이를 알 수 없으면 정부가 정한 기준시가의 비율로 안분해야 할 것이다.

● ● **부동산 취득가액 경비처리**

취득가액	개 념	세무상 처리
토지가액	시간경과에 따라 가치 감소 안함.	비용이 아닌 자산임.
건축물가액	시간의 경과에 따라 가치 감소	감가상각으로 비용 인정(30~40년)

3. 부동산 등의 자산 구입 시 명의는 누구로?

과거 헌법재판소는 배우자의 자산소득(이자소득, 배당소득, 부동산임대소득)을 부부 중 소득이 많은 1인에게 모두 합산, 과세하는 소득세법 규정에 대하여 헌법에 위반된다는 결정을 내렸다. 이러한 헌법재판소의 결정 이후, 자산소득에 대해 부부가 별도로 납세의무를 지게 되었다. 헌법재판소의 판결 이전에는 자산소득에 대해 부부 합산하여 과세하였으므로 자산을 배우자의 명의로 취득하여도 이를 배우자 1인에게 모두 합산하여 과세하였으므로 소득세 측면에서는 부동산 등의 명의를 배우자로 하여도 아무런 의미가 없었다. 그러나 헌재 판결 이후로는 자산소득에 대한 부부 합산, 과세를 하지 않게 되었으므로, 배우자에게 일부 자산을 이전하면 소득세가 절감될 수 있다. 현재 소득세법은 소득이 많으면 많을수록 세율이 증가하는 초과누진세율구조로 되어 있어, 일부 소득을 소득이 없는 배우자에게 이전하면 부부 입장에서 부담하는 총 세금은 줄어들게 되어 있다.

병원으로 사용할 부동산을 소득이 없는 배우자의 명의로 취득하고 배우자와 임대차계약을 체결하여 시세에 따른 임대료를 주고받는 경우 원장은 임대료가 비용 처리되며 배우자는 임대소득이 발생하게 된다. 즉, 임대료만큼 원장의 소득은 감소하고 배우자는 증가하게 된다. 그러나 배우자는 이러한 임대소득 외에 다른 소득이 없다면 소득금액이 적은 관계로 원장보다는 낮은 세율로 임대소득에 대하여 소득세가 과세될 것이다. 따라서 부부 전체의 세금은 줄어들 여지가 있는 것이다. 또한 배우자에게 10년간 6억원까지는 증여를 하여도 증여세가 과세되지 않는다. 따라서 부동산의 취득 시 절세 측면에서 배우자에게의 증여를 고려해볼 만하다.

Point 11

병의원 건물을 임차하는 경우 세무상 알아야 할 사항은?

임대차계약은 임차인(부동산을 빌리는 자)이 일정한 계약기간 동안 임대인 (부동산을 빌려주는 자)에게 임대료를 지불하고 부동산을 사용·수익할 권리를 갖는 계약이다. 통상 계약을 체결하고 나면 보증금과 임대계약기간 동안 월임대료를 지불하게 된다. 대부분 개원 시에 병원으로 사용할 건물을 임차하게 되는데 이러한 임대차에 대한 법적 성격과 위험 그리고 세무상의 내용을 알아둘 필요가 있다.

1. 임대차계약 시 세무상 유의사항

임대차계약을 체결하게 되면 임대보증금과 월세를 지불하게 되는데, 임대보증금은 계약만료 시 건물주로부터 돌려받게 되므로 비용이 아니고 사업용 자산으로 처리하는 것이며 매월 지급하는 월세가 사업상의 비용으로 처리된다. 건물주가 일반과세자라면 월세금액에 대하여 매월 세금계산서를 받으면 되고, 건물주가 영세하여 간이과세자일 때에는(간이과세자는 세금계산서를 발행할 수 없음) 임차료를 은행을 통해 건물주 계좌로 이체하고 그 내역을 가지고 비용처리 하면 된다. 간혹 건물주가 자신의 소득을 줄이기 위하여 월세를 실제보다 낮은 금액으로 다운하여 계약서를 작성할 것을 요구하는 경우가 간혹 있다. 이렇게 되면 병의원은 실제 지출하는 월세보다 적은 금액을 비용으로 처리하게 되어 세금상의 손해를 보게 된다. 인테리어와 시설공사가 어느 정도 진행된 시점에서 이러한 요구를 받으면 건물주와 다툼이 발생할 수밖에 없다. 따라서 최초 계약서를 작성하는 당시에 이러한 부분을 명확히 하여 손해 보는 일이 없어야 할 것이다. 평당 일정금액으로 부과되는 관리비 역시 월세와 동일하게 처리되는 것이므로 사업자의 과세유형에 따라서 세금계산서를 받거나 계좌 이체하고 그 내역으로 비용처리하면 된다.

● ● **임대차계약 시 주의사항**

구분		세무상 처리	정규증빙	정규증빙 미수취 시 제재	관리비 명목 금액
보증금		계약만료 시 회수가능금액 이므로 비용 이 아닌 자산	임대차계약서		
임대료	건물주가 일반과세자	비용	세금계산서 수취 및 보관	임차료의 2%를 가산세로 부과	임차료와 동일
	건물주가 간이과세자	비용	은행계좌 입금하고 그 내역이 증빙임.	경비 등 송금명 세서 미제출시 임차료의 2% 가산세 부과	임차료와 동일

2. 건물주가 부모일 때도 임대료를 내야 하나요?

아버지 소유의 부동산이 있어 그 장소에서 개원하기로 한 경우 당연히 임대료를 아버지에게 지불하지 않아도 법적으로 문제되지는 않는다. 다만 세법은 이러한 행위에 대하여 정상적으로 임대료를 주고 받은 것으로 간주하여 세금을 계산하는 제도를 두고 있다. 특수관계자란 공동의 경제적 이해관계가 있어, 정상인이라면 하지 않았을 어느 한쪽(A)이 손해 보는 거래를 하더라도 전체적으로는(A와 B) 손해가 아닌 그러한 관계에 있는 사람이라고 할 수 있다. 따라서 이들은 보통의 관계에서는 하지 않았을 비정상적인 거래를 통해 전체적인 조세의 부담을 회피하려는 성향이 있다. 세법은 이런 비정상적인 거래를 세금 계산상 부인하고 정상적인 거래로 바꾸어 세법을 적용하도록 하고 있다. 따라서 아버지에게 임대료를 지불하지 않는 경우에는 아버지가 임대료를 정상적으로 받은 것으로 간주하여 아버지에게 소득세를 부과한다. 그에 대응하여 아버지가 받은 것으로 간주한 임대료를 아들의 병원에 비용으로 인정하여 주어야 할 것으로 사료되나 현행 세법은 이를 인정해 주지 않는다. 따라서 정상적으로 임대료를 지불한 경우보다 세금적으로 손해가 발생하게 된 것이다.

반대의 경우로 아버지 소유의 건물을 임차하여 아버지에게 임대료를 지급하고 있다. 아들은 임차료 경비를 늘려 자신의 소득세를 줄이기 위해 아버지의 건물을 사용하고 있는 다른 임차인보다 상당히 많은 임차료를 아버지에게 지급하고 있다. 이 경우 아들은 아버지에게 지급한 임차료를 모두 비용으로 인정받을 수 있는가? 아들과 아버지의 거래는 법적으로 특수관계자 간의 거래로서, 통상적으로 지급했었을 정상적인 임차료를 초과하는 금액은 임차료로 인정되지 않는다.

따라서 특수관계자와의 거래를 할 때는 통상적인 시가정도를 서로 주고 받아야 이러한 제도를 적용받지 않게 된다. 이러한 특수관계자는 주로 친족 등이 해당한다. 그 외에도 이러한 특수관계자의 범위가 많지만 그 내용은 생략하기로 한다.

Point 12

상가임대차 보호법의
핵심 내용은?

상가건물의 임대차에서 상대적으로 사회적·경제적 약자인 임차인들의 경제적 안정을 도모하기 위해 '상가건물임대차보호법'이 2002년도에 입법되었다. 사실상 병원급의 경우에는 상가건물임대차보호법 대상이 되는 경우는 거의 없을 것이지만, 의원급의 경우에는 적용될 수 있어 이에 해당하면 반드시 사업장 소재지 관할세무서에서 확정일자를 받아두어야 한다. 이러한 상가건물임대차 보호법의 핵심내용은 아래와 같다. 이 법의 보호대상이 아닌 임대차의 경우에는 건물주의 동의를 구하여 별도로 전세권설정등기를 하거나 특약사항을 두어 임대차계약에 관한 여러 가지 안정장치를 두어야 할 것이다.

1. 적용대상

상가건물임대차보호법은 상가건물(사업자등록의 대상이 되는 건물을 말함)의 임대차에 대해 적용된다. 다만, 다음 표의 보증금액을 초과하는 임대차는 이 법의 적용대상에서 제외한다.

● ● 상가건물임대차보호법 적용대상 보증금

구 분	법 적용대상 보증금
서울특별시	4억원 이하
「수도권정비계획법」에 따른 과밀억제권역 (서울특별시는 제외한다)	3억원 이하
광역시(「수도권정비계획법」에 따른 과밀억제권역에 포함된 지역과 군지역은 제외한다), 안산시, 용인시, 김포시 및 광주시	2억 4천만원 이하
그 밖의 지역	1억 8천만원 이하

여기서 법 적용대상 보증금이란 보증금 외에 월세가 있는 경우에는 월세를 보증금으로 환산하여 본래의 보증금과 합친 금액으로 판정한다. 월세를 보증금으로 환산하는 경우 적용할 비율은 현재 월세에 100을 곱하도록 하고 있다. 따라서 임대보증금 외에 월세가 있는 경우에는 월세에 100을 곱한 금액을 임대보증금에 더하여 법 적용대상 보증금의 이하인지를 판단해야 한다. 예를 들어 서울시에 소재하는 건물의 임대차계약의 내용이 임대보증금 1억 5천만원에 월세가 300만원인 경우 월세를 임대보증금으로 환산하면 3억원(300만원×100)이므로 월세를 환산한 보증금 3억원과 실제 보증금 1억 5천만원을 합한 보증금은 4억 5천만원으로서 4억원을 초과하므로 이 법 적용대상이 아니다.

2. 임대차기간 최소 5년간 보장

상가건물임대차보호법은 임대차기간을 정하지 않았거나, 기간을 1년 미만으로 정했을 경우에도 임대차 기간을 1년으로 보도록 규정하고 있다. 그러나 임차인은 1년 미만으로 정한 기간이 유효함을 주장할 수 있다. 그리고 임차인이 임대차기간 만료 전 6개월부터 1개월까지 사이에 행하는 계약갱신 요구에 대해, 임차인이 월세를 3회 이상 연체하는 등의 정당한 사유가 없는 한 거절하지 못하게 했다. 이러한 임차인의 계약갱신요구권은 최초의 임대차기간을 포함한 전체 임대차기간이 5년을 초과하지 않는 범위 내에서만 행사할 수 있다. 이로 인해 법적으로 임대차기간은 사실상 5년으로 보장되었다. 이러한 임대차계약기간 5년 보장에 관한 내용은 위에 설명하는 "1.적용대상"의 보증금의 범위를 초과하는 임대차에 대하여도 적용하는 것으로 법이 개정되어 결국 모든 상가 임차인에게 적용되는 것으로 확대되었다. 하지만 여기서 주의할 점이 있다. "1.적용대상" 보증금의 범위를 초과하는 임대차의 경우에는 임대인의 월세 인상률의 제한규정을 적용받지 않아 임대인이 계약갱신 시 과도한 임대료의 인상을 요구할 수 있다는 문제점이 있다.

3. 건물주가 부동산을 타인에게 매각하여도 나의 임대차 권리를 주장할 수 있나요?

과거의 임대인과 맺은 임대차계약상으로는 계약기간이 종료되지 않았다 해도, 새로운 건물주와 다툴 수 없다. 왜냐하면 부동산임대차에 있어서는 대항력이 없으므로 그 권리는 과거의 임대인에게만 주장할 수 있으므로 당해 임대차계약상으로는 제3자인 새로운 건물주와는 임대차계약의 내용을 가지고 다툴 수 없다는 것이다. 그러나 상가건물임대차 보호법의 적용대상이 되면 이러한 대항력이 발생하여 새로운 건물주에게도 본인의 임대차계약에 관한 권리를 주장할 수 있다. 이러한 대항요건을 갖추기 위해서 임차인은 임대인으로부터 건물을 인도받고(통상 계약하고 사무실 열쇠를 받는 것으로 보면 됨) 세무서에 사업자등록을 신청하면, 신청일의 다음날부터 대항력이 발생한다. 즉, 건물의 인도와 사업자등록의 신청이라는 두 가지 요건이 충족되어야 대항력이 취득되는 것이다. 두 가지 요건 중 가장 늦은 날을 기준으로 대항력이 생기는데, 그 효력 역시 두 가지 요건 중 가장 늦은 날의 다음 날부터 발생한다. 그러나 최근 상가 임대차보호법의 개정으로 "1. 적용대상" 보증금의 범위를 초과하는 임차인의 경우에도 제3자에게도 자신의 임대차계약의 권리를 주장할 수 있는 대항력의 규정을 적용하도록 하였다. 따라서 점포 규모에 상관없이 건물소유주가 변경되더라도 누구나 최소한 5년간은 쫓겨나지 않고 사업할 수 있도록 되었다.

4. 임대보증금의 보호장치는?

임대인인 건물주가 채무불이행 등으로 인하여 해당 부동산이 경매 또는 공매가 되는 경우 확정일자를 받은 상가 임차인은 임차건물의 환가대금에서 후순위권리자나 그 밖의 채권자에 우선하여 보증금을 변제받을 수 있다. 구체적으로 임차인이 건물의 인도와 사업자등록 신청으로 대항력 요건을 갖추고 관할 세무서장으로부터 임대차계약서상의 확정일자를 받은 경우, 확정일자와 다른 담보물권(근저당권 등) 설정일을 비교하여 우선순위를 가리게 된다. 기존임대차의 경우에는 등기를 하지 않은 상태에서 담보물권이 설정된 채권에는 절대 우선 변제될 수 없었다. 그러나 상가건물임대차보호법에 의해 대항력을 갖추고 확정일자를 받은 경우, 확정일자보다 나중에 담보물권이 설정된 채권에 대해서는 우선 변제된다. 이 규정은 확정일자가 마치 담보물권설정일과 같은 역할을 할 수 있는 효력을 부여한 것이다.

5. 임대료를 임대인 마음대로 인상할 수 있나요?

임대인은 임대차계약 또는 임대료의 증액이 있은 후 1년 내에는 증액을 하지 못하도록 하고 있으며, 계약을 갱신 시에도 보증금과 임대료를 올릴 수 있는 한도는 현재 그 당시의 임대료 또는 보증금의 9% 이하로 제한하고 있다. 그러나 임대료를 감액하는 것에 대해서는 제한이 없다. 보증금을 월세로 전환하는 경우의 전환이율은 현재 연 12%와 한국은행 기준금리의 4.5배 중 적은비율 이하로 제한된다.

6. 상가권리금의 보호장치

최근 법 개정으로 세입자의 권리금에 대한 법적인 보호장치가 마련되었다. 권리금이란 임대차목적물인 상가건물에서 영업을 하는 자 또는 영업을 하려는 자가 영업시설·비품, 거래처, 신용, 영업상의 노하우, 상가건물의 위치에 따른 영업상의 이점 등 유형·무형의 재산적 가치의 양도 또는 이용대가로서 임대인 또는 임차인에게 보증금과 차임 이외에 지급하는 금전 등의 대가를 말한다.

임대인은 임대차기간이 끝나기 3개월 전부터 임대차 종료 시까지 법에서 정한 정당한 사유 없이 권리금 계약에 따라 임차인이 주선한 신규임차인이 되려는 자로부터 권리금을 지급받는 것을 방해하여서는 안 된다. 법에서는 "임대인이 임차인이 주선한 신규임차인이 되려는 자에게 권리금을 요구하거나, 임차인이 주선한 신규임차인이 되려는 자로부터 권리금을 수수하는 행위" 등 임차인과 그 임차인이 주선한 새로운 임차인과의 권리금 수수를 방해하는 행위를 열거하고 있다. 만약 임대인이 법에서 정한 정당한 사유 없이 이 같은 규정을 어기면 임차인은 계약 종료 3년 이내에 손해배상을 청구할 수 있다. 그 손해배상액은 신규임차인이 임차인에게 지급하기로 한 권리금과 임대차 종료 당시의 권리금 중 낮은 금액을 넘지 못한다. 당해 규정은 보증금액의 규모에 상관없이 모든 상가 임대차에 대하여 적용된다.

Point 13

병의원 포괄 양수도,
가격은 어떻게 결정하나요?

의사들 간에 기존의 병의원을 통째로 매매하는 경우가 있다. 병의원의 시설 등 물적인 자산뿐만이 아니고 종업원까지 인수하는 등 그 병의원을 포괄적으로 양도·양수하는 거래형태이다. 이러한 경우를 사업의 포괄 양도·양수라고 한다. 즉 개별자산을 하나 하나 떼어서 매매하는 것이 아니고 병의원의 시설 등 자산 등의 일체를 매매하는 방식이다. 병의원을 파는 의사는 사업양도자라 하고 구입하는 의사는 사업양수자라 한다. 사업양수도 시 가장 중요한 쟁점이 되는 것은 양수도 가액의 결정일 것이다. 양수도가액이란 그 병원의 가치로서 임대보증금, 인테리어, 의료기기, 의약품, 비품 등의 유형적인 자산가액과 한자리에서 계속 병원을 운영함으로써 그 지역에서 얻은 인지도와 명성, 환자정보, 영업상의 노하우 등 눈에 보이지 않는 무형적인 자산의 가치의 합계라고 할 수 있다.

이렇게 병원을 통째로 파는 사업 양수도의 경우에는 '시장에서 일반적으로 매매되는 가격'이란 개념이 존재하기 어렵다. 따라서 병원의 가치를 산정한다는 것은 사실 상당히 어려운 문제라고 할 수 있다. 또한 평가방식에 따라서 가격산정이 달라질 수 있는 부분이어서 이해관계가 상충하는 양자의 입장을 조율한다는 것은 무척 어렵다. 기업의 가치를 평가하는 방법은 이론상 여러 가지가 있다.

1. 유형적인 순자산가액으로 계산하는 방법

> 양수도가액 = 순자산가액(총자산가액 − 총부채가액) + 영업권가액

(1) 순자산가액

순자산가액이란 병의원을 매매하는 시점에서의 병의원의 부동산·의료기기·인테리어 등의 시설장치·의약품 등 재고 등 사업양수인이 인수하기로 한 그 병의원이 보유하고 있는 총 자산가액에서 매매시점에서 그 병의원이 갚아야 하는 리스채무·의료기기 및 의약품 등의 각종 미결제액·종업원의 퇴직금 채무 등 사업양수인이 떠안기로 한 총부채금액을 차감한 가액을 말한다. 이러한 자산과 부채는 장부상으로 확인해야 할 뿐만 아니라 실제로 존재하는지 여부 등의 실사를 통하여 확정하여야 한다. 문제는 해당 자산의 가액산정이라 할 수 있다. 이론상으로는 각 항목별로 시장에서 거래되는 중고매매가격을 참조할 수 있으나 모든 자산이 이러한 가액이 존재하는 것은 아니어서 사실상 가격을 확정하기란 쉬운 일이 아니다. 따라서 외부전문가의 도움을 받아 합리적인 평가방법을 도출하고 서로 합의해 내는 것이 중요하다. 부채가액 역시 매매시점에서의 병의원이 부담하고 있는 정확한 채무액을 계산하여 양수자가 지급해야 할 양수도가액에서 차감해야 할 것이다.

(2) 영업권 가액

해당 병의원이 여타의 다른 병의원에 비하여 평균적인 이익을 초과하는 이익을 얻고 있는 병의원이라면 이에 대한 무형의 가치가 가산되어야 하는데, 이를 영업권이라 한다. 따라서 영업권이 존재하는 경우 이를 양수도 가액에 가산해야 할 것이다. 이론상으로는 여러 가지 영업권에 대한 계산방식이 있다. 즉 양수하려는 병원이 동종의 다른 병원보다 이익을 많이 창출하는 경우 그 평균이익을 초과하는 이익(초과이익)을 발생이 예상되는 지속가능기간(통상 5년) 동안의 매년의 초과이익을 일정한 할인율을 적용하여 양수도 시점의 현재가치로 환산하여 영업권을 계산하는 초과이익환원법이나 상속증여세법상 영업

권 평가방법 및 기타 여러 가지의 재무적 기법 등이 있다. 그러나 실무에서 적용하기란 상당히 무리가 따르리라 생각된다. 초과이익환원법의 경우 동종업종의 평균이익을 확인하는 것 자체도 어렵고 또한 이러한 이익의 지속기간을 확정하는 것도 어렵기 때문이다. 여기에 미래의 초과이익을 적정한 할인율을 적용하여 현재가치로 계산하기도 쉽지가 않다. 상속증여세법상의 영업권 평가방법도 여러 가지 상황을 충족시키기엔 무리가 따른다. 결국 사업양수도에서는 양 당사자 간 동의할 수 있는 병의원 가치산정 방법과 금액을 합의과정에서 도출해 내는 것이 가장 중요하다고 할 것이다.

2. 미래현금흐름할인법(Discounted Cash Flow; DCF법)

DCF법이란 본질적으로 회사의 가치는 영업활동을 통하여 미래에 유입될 현금흐름을 현재시점으로 환산한 가치로 보아야 한다는 논리에 따른 방법이다. 따라서 미래의 현금수입에서 현금지출(세금포함)을 차감한 매년간의 현금흐름을 합리적으로 추정하여 타인자본과 자기자본의 기대수익율로 가중 평균한 할인율을 적용하여 미래현금흐름을 현재가치로 평가하는 방법이다. 일반적인 기업가치를 평가할 경우에 많이 사용하는 방법이지만, 개인 병의원에 이 방법을 무차별적으로 사용하기는 어려울 것으로 판단된다. 병의원의 매매는 일반인이 구입할 수 있는 것이 아니라 의사간에만 거래 가능한 것으로서 그 병의원의 가치에는 이미 의사의 자격에 대한 가치가 내재되어 있기 때문이다. 개인 병의원의 경우에는 타 업종에 비하여 영업이익율이 상당히 높은 편이므로 이 방법을 적용할 경우에는 자기자본의 기대수익율을 일반적인 타업종의 경우 보다 상당히 높게 책정하여 할인율을 결정해야 할 것으로 판단된다. 업종의 고유한 속성을 반영치 않고 이러한 재무적 기법을 무차별적으로 적용한 경우 실제 현실에서 거래되는 병의원의 양수도가액과 상당히 괴리가 큰 금액으로 산출되는 현상을 종종 보게 된다.

결국 이러한 방법은 거래 당사자가 독단적으로 접근하기는 어려우며 외부 전문가의 자문을 받아 진행해야 할 것이다.

사업의 양도 시
양도인과 양수인의 세무문제는?

사업장을 그 사업에 관한 권리와 의무를 포괄적으로 양도·양수하는 경우에는 개별자산에 대하여 세금계산서나 계산서를 받아야 하는 것은 아니다. 양도인은 양수인에게 병의원에 관한 권리를 이전한다는 사업양수도계약서를 작성하고 서명(또는 날인)을 해서 각자 보관하면 된다. 이 때 양도하는 자산을 구체적으로 실사하여 자산이 계약내용대로 일치하는지, 양도인 소유자산이 맞는지, 장비의 경우 작동이 잘되는지, 리스자산은 아닌지 등을 확인해야 하며, 계약서에 인수하는 자산의 내역을 구체적으로 기재하는 것이 좋다. 또한 거액의 금액이 오고 가므로, 현금으로 직접 지불하는 것보다 은행을 통한 계좌이체나 온라인 송금이 나중에 지불사실을 증명하는데 문제가 없을 것이다. 그러나 이러한 사업장의 물적시설과 인적시설의 포괄양도양수가 아니고 일부 자산만을 이전하는 경우에는 양도하는 개별자산에 대하여 별도로 세금계산서나 계산서를 발행하여야 한다. 구체적으로는 과세사업과 관련한 장비 등에 대하여는 세금계산서를 발행 하고 면세사업과 관련한 장비 등에 대하여는 계산서를 발행하여야 한다.

1. 사업양수인 – 지급한 금액의 비용처리

병의원을 양도받은 사람(사업양수인)은 병의원의 보유자산에 대해 대가를 지불하게 된다. 이 경우 일반적으로 기존 병의원이 보유한 유형자산(보증금, 의료기기, 인테리어, 집기 및 비품 등) 외에 추가적인 권리금을 지급하는 경우도 있는데, 세법에서는 이를 '영업권'이라 표현하고 있다. 보증금·의료기기·집기와 비품·의약품 재고·인테리어 등의 유형자산은 사업양수인이 사업양도인으로부터 중고자산을 일괄적으로 취득하는 거래라고 할 수 있다. 따라서 그대가로 지급한 금액은 사업양수인이 개원하는 병원 자산의 취득가액이 되며, 감가상각을 통해 사업상 비용으로 인정받을 수 있다. 양자 간에 객관적·합리적인 방법에 의하여 양수하는 각 개별자산에 대하여 가격을 결정한 경우 그 금액을 개별자산의 취득가액으로서 비용처리하면 될 것이다.

그러나 총 양수자산에 대한 가격을 일괄하여 산정한 경우, 개별자산의 가격을 얼마로 잡아야 할지가 문제다. 양수하는 자산마다 경비처리하는 방법이 다르므로, 이를 개별자산으로 배분해야 하기 때문이다. 이 경우에는 총 구입대가를 개별 자산의 공정한 시가금액의 비율대로 안분 계산하여 총 구입대가를 개별자산에 할당해야 할 것이다. 여기서 무형자산인 영업권에 대한 대가로 지불하는 권리금의 경우에는 그 대가를 5년에 걸쳐 나눠서 비용처리를 할 수 있다.

2. 사업양도인 - 받은 금액의 세금문제

병의원을 양도한 자(양도인)가 받은 양도대가는 양도한 자산의 유형에 따라 과세되는 내용이 다르다. 그 유형별로 살펴보면 다음과 같다.

●●● **양도자산 유형별 과세내용**

양도자산	과세내용
토지와 건물 및 이와 함께 양도하는 영업권	양도가액과 취득가액의 양도차익에 대하여 사업소득이 아닌 양도소득으로 과세한다.
전세권(등기한 것에 한함) 및 등기한 부동산 임차권과 함께 양도하는 영업권	양도가액과 취득가액의 양도차익에 대하여 사업소득이 아닌 양도소득으로 과세한다.

양도자산	과세내용
등기하지 않은 병의원 임차인으로서의 권리를 양도하며 받은 권리금	다음의 금액을 사업소득이 아닌 기타소득으로 보아 과세 소득금액=수입금액-필요경비(실제 필요경비가 확인되지 않는 경우 총수입금액의 80%를 필요경비로 인정함)
병의원의 의료기기, 집기 및 비품, 인테리어 등의 시설장비	장부상의 금액보다 더 받고 판 경우라도 그 차익에 대하여 현행 소득세는 과세하지 않고 있다. 반대로 손실을 본 경우 비용으로 인정되지 않는다.
의약품, 의료소모품, 기타 소모품 등	병원 수입금액으로 보아 사업소득으로 과세한다.

간혹 사업의 양수도 시 양수인의 입장에서 개별자산의 취득가액을 부풀리는 경우를 보게 된다. 그 이유는 병원이 보유한 개별자산에 대한 대가와 함께 권리금의 명목으로 추가적인 대가를 지급했기 때문인데, 이렇게 권리금을 지불한 경우에는 병원을 양도한 양도인에게 권리금 명목으로 받은 금액에 대하여 소득세가 과세되기 때문이다. 이러한 이유로 양수도 계약 시에 양도인은 양수인에게 영업권을 장부에 계상하지 않도록 요구하는 경우가 종종 있다. 이렇게 되면 사업양수인의 입장에서는 상당한 금액의 권리금을 지급하고도 그 부분만큼 경비인정을 못 받게 되는 것이다.

이렇게 이해관계가 상충되는 경우의 타협점으로, 권리금에 관한 부분은 노출시키지 않되 권리금 명목으로 지급한 돈을 경비처리하기 위하여 병원으로부터 구입한 의료기기 등의 유형자산의 가액을 부풀리는 방법으로 권리금에 대한 대가를 결과적으로 비용 처리하는 경우가 있다. 왜냐하면 의료기기 등은 장부상의 금액보다 많이 받더라도 그 차익에 대해서는 양도인에게 과세되지 않기 때문이다.

그러나 차후의 세무조사 시에 인수한 자산 가액이 시가보다 터무니없이 높게 장부에 계상되어 있는 경우, 양수인 입장에서는 자산의 취득가액으로 인정되지 않고 양도인에게 사실상 권리금 명목으로 보아 과세될 수도 있다는 점을 유의해야 한다. 또한 양도인과 양수인이 친인척 등의 특수 관계자일 경우, 양수인이 양도인의 자산을 비싸게 사준 것이므로, 시가와 대가와의 차액을 양수인이 양도인에게 증여한 것으로 볼 수도 있다는 점을 유의할 필요가 있다.

양도인의 사업상 빚, 잘못하면 떠안게 된다.

병의원을 인수하면서 사업에 관한 모든 권리와 의무를 포괄적으로 승계하는 경우에는 다음과 같은 점을 유의해야 한다.

1. 상호를 그대로 사용하는 경우

사업양수인이 사업양도인의 상호를 그대로 사용하거나, 일반인이 동일한 상호로 볼 수 있을 정도의 유사한 상호를 사용하는 경우, 사업양수인은 사업양도인이 영업을 하면서 지게 된 채무에 대해 변제 책임이 발생한다. 다만, 사업양도인의 채무에 대한 책임이 없음을 등기한 경우에는 예외로 한다. 여기서 말하는 채무에는 의료기기 등의 리스채무 또는 할부금, 병의원 운영과정 상의 각종 대금 미결제액(약품 대, 임차료 등), 종업원에게 미지급한 임금, 양수도 시점까지 발생한 종업원의 퇴직금 등이 있다. 장부상에 잡혀 있지 않는 것들도 많으므로 유의하여 살펴보아야 할 것이다.

만약 이러한 채무액을 양수인이 부담하기로 했다면, 자산가액에서 이러한 채무액을 차감하여 양수도 가액을 산정해야 한다. 양도인이 부담하기로 했다고 해도 양도인이 채무를 상환하지 못할 경우 양수인이 연대하여 책임을 져야 하므로 각별히 유의할 필요가 있다.

2. 기존 병의원장이 납부하지 않은 세금이 있을 때

사업양도인이 사업양도일 전에 사업과 관련하여 납부하지 않은 세금이 사업양도인 본인의 재산으로 납부하기에도 부족한 경우, 사업양수인은 양도받은 재산가액을 한도로 그 납부책임을 대신 져야 한다. 이는 사업양도인의 상호를 그대로 사용하는지의 여부와 관계없이 납부책임을 대신 져야 한다는 점에서 앞의 경우와 구별된다.

여기서 말하는 사업과 관련한 세금은, 사업양도인이 병의원 사업과 관련한 사업소득세 및 부가가치세와 종업원 급여에 대한 원천징수세액 등이 있다. 따라서 사업양수도 시 관할 세무서에서 사업양도인의 납세완납증명원을 발급받아 세금체납액 유무를 확인하는 것이 좋다. 사업양도인의 사업과 관련 없는 양도소득세나 증여세 등의 세금에 대해서는 당연히 대신 부담할 책임이 없다.

Point 15

동업계약서 작성 시
적어도 담아야 할 내용은?

1. 동업계약이란?

최근 2인 이상의 의사가 함께 공동으로 경영하는 공동개원 형태의 병의원이 많아지고 있다. 이를 세법에서는 '공동사업'이라 한다. 공동사업이라 함은 2인 이상이 사업에 관한 대외적 또는 대내적 책임을 공동으로 부담하여 사업을 경영하며, 그 결과물에 대하여 공동의 이해관계를 갖는 형태의 사업'이라 정의할 수 있다. 최근 의료시장이 상당히 경쟁적으로 변모하고 있어, 경쟁력 확보와 사업에 관한 위험을 분산하기 위하여 이러한 형태의 공동사업이 증가하고 있다.

공동사업에 참여하는 동업자의 경우, 통상 개인적인 친분이 있는 자로 구성되는 것이 일반적이다. 그러한 이유로 동업에 관한 구체적 내용에 대한 약정이 없이 주변에서 흔히 구할 수 있는 정형화된 계약서로 동업계약서를 작성하는 경우가 종종 있다. 심지어 동업계약의 내용을 서면화하지 않고 구두상으로 맺는 경우도 보게 된다. 이는 서로간의 구체적이고 특수한 사항을 반영하지 않아, 갈등이 발생하면 해결할 수 있는 명확한 기준이 없어 조정하지 못하고 결국 파국으로 치닫는 경우가 발생하게 된다. 친분이나 정에 의해 이루어진 동업이야말로 더욱 더 동업계약에 대한 내용을 구체적이고 세밀하게 작성할 필요가 있다고 할 것이다. 동업계약서는 병원 운영에 따른 제반사항을 규정하고, 동업자간에 발생할 수 있는 이견과 분쟁에 대한 합리적 해결방안을 모색하며, 향후 병원경영의 효율성을 높이고자 하는데 그 목적이 있다.

계약이란 일정한 법률효과를 발생시킬 것을 목적으로 하는 당사자 간의 합의라고 말할 수 있다. 따라서 향후 어떠한 다툼이 있는 경우 이러한 계약의 내용은 이를 해소하는데 기준이 되는 역할을 하게 되는 것이다. 이러한 계약은 계약자유의 원칙에 의거해 강행법규(당사자의 의사와는 상관없이 항상 적용되어야 하는 법규)에 위반되거나 선량한 사회풍속에 반하지 않는 범위 내에서는 얼마든지 동업계약에 관한 내용을 서로의 의사에 따라 자유로이 기재할 수 있다. 따라서 동업을 하게 됨으로 인하여 발생할 수 있는 모든 세세한 사항까지 계약서에 기재함으로써 장래에 발생할지 모를 동업자간에 발생할 수 있는 이견과 분쟁에 대한 합리적 해결방안을 모색할 필요가 있다고 할 것이다. 이하에서는 필자의 경험상 동업계약서에 꼭 담아야 할 주요내용에 관하여 알아보기로 한다.

2. 출자에 관한 사항

사업을 하기 위해서는 사업에 기초가 되는 물적 시설과 인적 시설이 필요하다. 이는 동업자간의 약정에 의해 각자의 부담으로 일정자원을 회사에 이전하고, 그에 대한 대가로서 사업에 대한 권리인 지분을 얻게 된다. 이를 출자라 하며, 이는 공동사업의 실체를 형성하는데 있어서 가장 중요한 것으로서 반드시 수행되는 것이라 할 것이다. 출자의 유형은 현금만을 생각하는 경우가 많으나, 그 외에도 현물인 부동산, 영업권, 노무, 신용 등 다양할 수 있다. 예를 들어 갑이라는 의사와 을이라는 의사가 공동개원을 하는 경우, 갑은 일반에게 알려진 저명한 의사로서 특정 진료 분야에 있어 상당한 지명도가 있는 경우 갑은 자금출자 없이 노무만을 출자하고, 을은 자금을 출자하는 형태도 있을 수 있는 것이다.

현금으로 출자를 하는 경우에는 출자액에 대한 평가가 불필요하지만, 그 외의 자산으로 출자를 하는 경우에는 출자액을 산정하기 위해서는 출자자산에 대한 평가를 해야 한다. 이는 동업자 서로 간에 합의를 통한 객관적이고 합리적인 방법으로 평가해야 할 것이다. 또한 출자의 이행이 지체됨으로 인하여 사업의 개시가 늦어지는 일을 방지하기 위해서는 구체적으로 출자의 기한을 명시하고, 이에 대한 지체가 될 경우 일종의 지체가산금을 계약서에 명시하는 것도 좋을 것이다.

공동사업에 자기소유 부동산을 출자하고 그 대가로 공동사업에 대한 지분을 취득하는 경우에는 부동산 소유자가 공동사업자인 단체에게 부동산을 양도한 것으로 보아 양도소득세가 부과될 수 있다. 예를 들어 갑이라는 의사는 강남에 시가 20억원 상당의 100평짜리 상가 부동산을 소유하고 있어 병원 사업장으로 사용하기 위하여 이를 출자하고, 을은 현금 20억원을 공동사업에 출자하는 경우, 갑은 동업계약을 한 날에 부동산을 공동사업을 구성하는 단체에게 양도한 것으로 보아 양도소득세가 과세된다. 즉 공동사업에 대한 지분이라는 대가를 받고 부동산을 양도한 것으로 보는 것이다. 이를 피해가기 위해서는 갑은 부동산을 출자하지 말고 공동사업자인 단체에게 부동산을 임대하여 주는 형태로 동업계약을 할 수도 있을 것이다.

3. 손익의 분배에 관한 사항

공동사업을 통하여 얻은 이익에 대해서는 동업자간에 분배하고, 손실이 발생한 경우에는 각자 부담을 져야 한다. 따라서 동업계약 시 손익분배비율은 가장 핵심적인 내용이라 할 것이다. 실무상 보면 대부분 출자한 금액의 비율대로 이익분배비율을 정하는 것이 일반적이다. 그러나 이러한 이익분배비율은 동업자간에 일어날 수 있는 도덕적 해이를 방지하기가 어렵다고 할 수 있다. 그 이유는 병의원의 경우 다른 사업과 달리 수입에 기여하는 원장의 노무의 총량이 상당히 높은 업종이다. 따라서 초기의 출자만으로 이익에 대한 분배비율이 장기적으로 유지될 경우에는 출자만을 이행한 채, 사업에 대한 동업자로서의 최대한의 노력을 하지 않을 수 있는 측면이 있기 때문이다. 이는 다른 동업자의 노력의 결과를 대가 없이 얻게 되는 현상이 발생하게 된다. 이러한 시스템은 한 쪽이 계속 손해를 보고 있다는 생각을 들게 해서, 결과적으로 동업 자체를 유지하기 어렵게 될 수도 있다. 따라서 동업자 각각이 수익에 기여하는 바를 비교적·수치적으로 계산가능하다면 출자액비율과 더불어 각각의 동업자가 창출하는 수익에 대한 인과관계를 반영하는 이익분배비율을 혼합하는 것이 좋을 것으로 생각한다.

동업자인 의사가 창출하는 수익을 비교적·객관적으로 계산하는 것이 어렵다면, 약정에 의해 기준급여를 설정해 놓고 서로 간에 약정한 근무일수를 채우지 못하는 경우 해당일수에 대한 기준급여만큼은 이익분배액에서 차감하는 방법도 이러한 부분을 해소하는 한 방법일 것이다.

> 반드시 출자액비율과 손익분배비율을 일치시켜야 하는 것은 아니지만, 만약 그 차이가 나는 합리적이고 정당한 사유가 없다면 당해 손익에 대한 출자액비율에 의한 금액과 약정한 손익분배비율에 의한 금액의 차이금액에 대해서는 증여세 문제가 발생할수 있다.

4. 계약의 안정적인 유지를 위한 장치

공동사업을 진행하다보면 미처 예측하지 못한 상황이 종종 발생할 수 있다. 이를테면 공동개원을 시작한지 얼마 지나지 않아 동업자가 개인적인 사정으로 인해 일방적인 계약해지와 출자금에 대한 반환을 요구하는 경우가 그것이다. 공동사업이 안정적으로 유지되기 위해서는 동업자의 출자금, 기술, 경영능력 등 공동사업을 이루는 핵심요소는 일정기간 사업에 투자되어야 한다. 그러나 이러한 공동사업의 핵심요소가 사업이 안정적으로 이루어지기도 전에 동업자의 일방적인 계약해지로 인하여 사업에 투자되지 못한다면, 공동사업을 계속하려던 다른 동업자는 큰 경제적 타격을 입게 된다. 따라서 사망, 금치산선고, 중대한 질병 등 더 이상 동업을 유지할 수 없는 특별한 사정이 없는한, 일정기간 동안은 어느 한쪽의 임의적인 계약 해지를 방지할 필요가 있다. 즉, 처음 동업계약을 맺을 당시에 약정기간 내에 동업계약을 해지하고자 하는 사람에게는 그에 대한 무거운 위약금을 물리는 조항을 넣는 것을 고려해 볼 수 있다. 이 때 계약기간을 분명하게 설정해야 하며, 영구히 계약을 해지하지 못하게 하면 개인의 일신을 완전히 구속하는 것과 다르지 않으므로, 동업자 간에 상의해서 합당한 범위의 기간을 설정하도록 한다.

5. 동업계약의 해지 시 지분에 대한 평가

공동개원을 했던 동업자가 탈퇴하려고 할 때 그 사람에게 지불해야 하는 지분가액을 얼마로 정해야 할까? 실제로 저자가 실무상 동업계약이 해지되는 경우 그 지분에 대한 반환금을 얼마로 해야 할지 서로 합의가 되지 않아 서로 장기적인 법적 소송까지 가는 경우를 종종 보게 된다. 따라서 동업계약서를 작성 시 서로 동업계약을 해지하게 되는 경우에 대비하여 구체적으로 그 지분에 대한 가액을 어떠한 방식으로 산정할 것인지를 반드시 작성하여 놓는 것이 후일을 위해 바람직할 것이다. 이러한 지분가액을 결정하는 방법으로는 여러 가지가 있겠으나 원론적으로는 다음과 같은 방법이 있을 것이다.

(1) 최초 투자한 출자액으로 하는 방법

이 방법은 계약 해지 당시의 재산상태를 무시하는 단점이 있다. 즉 영업이 부진하여 자본이 잠식상태에 있는 경우에는 최초 투자한 출자액으로 지분가액을 반환할 수 없는 것이다. 따라서 현실적으로 사용하기 곤란한 방법으로 사료된다.

(2) 해지 당시의 자산 및 채무를 평가하는 방법

공동사업장의 총자산가액에서 부담하고 있는 채무액을 공제한 순재산 가액에 지분율을 곱한 금액으로 하는 방법이다. 이는 해지 당시의 재산상태를 반영하는 방법이라 할 수 있다. 만약 자신의 사업장이 유사한 규모의 동종 병의원보다 상당히 많은 이익을 내고 있다면, 영업권에 대한 부분을 일부 추가하여 반영할 수 있을 것이다. 따라서 영업권에 대한 평가방법도 규정하여 두는 것이 좋을 것으로 사료된다. 결국 중요한 것은 계약 당시에 동업자의 탈퇴 시 지분가액 계산을 어떻게 할 것인지 구체적이고 명확히 해둘 필요가 있다는 것이다.

Point 16

시설투자, 리스를 할지
직접 구입할지?

1. 리스란?

병의원은 고가의 의료장비 등이 많이 필요하다. 이 경우 이러한 장비를 대출을 받아 직접 구입을 할지 아니면 리스를 할지 고민을 하게 된다. 또한 절세적인 측면에서 어느 것이 유리할 지 고민하게 된다.

리스란 기업이 필요로 하는 시설 장비를 장기간 대여해 주는 제도를 말한다. 좀 더 구체적으로 보면 리스이용자인 어떤 기업(A)이 당장 시설장비가 필요는 하지만 그 구입자금이 없는 경우 이를 금융업자인 리스회사(B)가 그 제조사(C)로부터 대신 구입하여 주고 이에 대한 취득금액에 이자를 가산하여 그 장비를 이용하는 기업(A)으로부터 자금을 회수하는 일종의 금융기법인 것이다. 이러한 이유로 리스회사는 자금을 장기간 대여하여 주는 금융회사와 같은 것이다.

세법에서 말하는 리스는 시설대여업법과 중소기업진흥 및 제품구매촉진에 관한법률에 의한 시설 장비의 대여를 말한다. 따라서 일반 렌탈업자로부터 임대해 사용하는 경우에는 여기서 말하는 리스에는 해당되지 않는다. 이러한 리스에는 리스조건 등에 따라서 금융리스와 운용리스로 분류된다.

(1) 금융리스

법적으로는 리스장비의 소유권은 리스회사에게 있지만 리스조건의 내용이 실질적인 면에서 리스이용자에게 리스장비가 이전된 것으로 판단되는 경우에 금융리스로 분류한다. 따라서 리스물건의 법률상 소유권을 리스회사가 가지고 있음에도 불구하고 리스물건을 리스이용자의 자산으로 계상하여 감가상각을 하도록 하고 있다.

즉, 리스이용자는 리스를 한 날 취득가액 상당액을 리스회사로부터 차입하여 동 리스물건을 구입한 것으로 보고, 직접 취득한 자산과 동일하게 취득가액 상당액을 리스이용자의 자산으로 계상해 감가상각을 통해 비용으로 처리한다.

리스이용자가 리스회사에 지불하는 리스료에는 시설장비 취득가액상당액에 대한 원금상환분과 원금에 대한 이자가 있다. 이때 이자는 리스료를 지급하는 해의 비용으로 처리한다.

금융리스의 경우 세금계산서를 누구로부터 받아야 하는가가 문제가 될 수 있다. 리스는 설비의 법적 소유권이 완전히 리스이용자에게 넘어간 것은 아니기 때문에 장비 구입대금 전부에 대한 세금계산서를 리스이용자에게 발행할 수 없는 것으로 보여지지만, 그 실질적인 내용을 중시하여 리스회사는 그 실질이 자금을 대여한 것에 불과하므로 리스회사가 아닌 시설장비 공급업체(통상 제조사)를 공급자로, 리스이용자(병의원)를 공급받는 자로 하여 세금계산서를 교부하도록 하고 있다. 부가가치세 과세용역에 사용되는 금융리스자산(예를들어 레이저 의료기기)의 경우 세금계산서를 받아서 부가가치세 매입세액 공제를 받을 수 있다.

(2) 운용리스

운용리스는 금융리스와 달리 그 실질이 자산의 단순한 임대차와 같으므로 리스자산은 리스회사의 자산으로 계상되며 리스이용자는 단지 사용수익권만을 갖는 것이다.

운용리스의 세무처리는 금융리스와 달리 리스자산에 대한 감가상각은 리스회사가 하는 것이며 리스이용자는 리스회사에 지급하는 리스료를 지급한 해의 비용으로 처리한다. 즉, 단순렌탈 거래와 그 내용이 동일하다 할 것이다.

운용리스의 경우는 그것이 부가가치세 면세용역이므로 리스료를 지급할 때 계산서를 교부받으면 된다.

2. 리스와 그 외 취득유형에 따른 장단점

시설 장비, 특히 의료장비를 장만하기 위한 방법으로는 직접 현금을 주고 구입하거나, 할부로 구입하기, 리스하기 등 여러 가지가 있다. 어떠한 방법이 좋은지는 단편적으로 판단할 수 없으며, 자신이 처한 자금 상황과 리스의 성격을 고려하여 적합한 방법을 결정하는 게 바람직하다.

(1) 실질이자율이 중요

리스를 하는 경우 리스회사가 제시하는 이자율을 잘 검토할 필요가 있다. 통상 표면이자를 실제이자로 혼동하는 경우가 있다. 표면이자율이란 매년 줄어드는 원금상환분을 고려하지 않고 전체 원금에 대한 이자율을 계속 적용하는 것으로서 실제 이자율을 계산해보면 표면이자율의 몇배가 되기도 한다.

(2) 환율 위험 고려

의료기기는 대부분 수입품이므로, 리스료를 외화로 계약을 체결하는 경우에는 계약시점보다 환율인상(원화가치하락)이 되는 경우에는 리스료가 병의원에서 부담할 수 없을 정도로 올라가 병의원들의 도산까지 이어지는 경우까지 있었다. 따라서 당해 리스가 환율위험을 리스이용자가 부담하는 것인지 여부를 신중히 검토해 보아야 한다. 환률 위험을 부담해야 하는 리스가 그렇지 않은 리스에 비해 리스료는 더 저렴하게 책정된다.

(3) 시설장비의 기술혁신 등을 고려

새로운 기술과 장비의 발명으로 인해 보유하고 있던 장비와 시설의 경쟁력이 떨어질 수 있다. 리스는 이러한 기술혁신에 대해 장비나 시설을 직접 구입하는 것보다 더 효과적으로 대응할 수 있다. 리스계약을 체결할 때 리스 종료시에 물건의 반환, 물건의 구입 또는 재리스할지 등 세 가지 선택권을 부여받으므로, 다른 시설 및 장비로의 교체가 가능하기 때문이다.

(4) 절세효과의 비교

리스를 이용하면 절세 효과가 크다고 생각하는 개원의들이 있다. 그러나 꼭 그렇지는 않다. 현금을 주고 구입하거나, 대출받아 구입하거나 또는 할부로 구입하든 간에 상관없이 그 지출에 대해서 감가상각비로 인정받을 수 있으며, 이자에 대해서도 이자비용으로 인정되기 때문이다. 이렇게 직접 구입을 하는 방법(금융리스 포함)의 경우에는 감가상각을 통해 비용을 신고할 시기를 조정할 수 있으므로, 오히려 운용리스보다 세금을 조정하는데 유리한 측면도 있다.

● ● **시설장비 취득유형별 절세효과 비교**

취득 유형	총 투자비	감가상각 해당액	리스료 또는 이자비용	총비용 처리액	절세 효과
1. 자기자금으로 구입	취득가액	취득가액	없음	취득가액의 감가상각	감가상각비 ×한계세율
2. 대출금으로 구입	취득가액+이자비용	취득가액 (이자는 제외)	이자비용	취득가액의 감가상각비 +이자비용	(감가상각비 +이자비용) ×한계세율
3. 할부 취득	할부원금+할부이자	취득가액 (할부이자 부분 포함)	할부이자는 취득가액에 합쳐져 감가상각	취득가액 (할부원금+할부이자)의 감가상각	감가상각비 ×한계세율
4. 금융리스	리스료 (원금+이자액)	취득가액	리스료 중 원금을 제외한 리스이자 부분만 비용임. 원금은 취득가액의 감가상각을 통해 비용처리됨.	취득가액의 감가상각비 +리스이자	(감가상각비 +리스이자) ×한계세율
5. 운용리스	리스료	감가상각 못함.	리스료 전액	리스료 전액	리스료× 한계세율

* 한계세율이란 소득세의 세율이 구간마다 다르므로 해당 비용이 반영되었을 때 줄어드는 소득금액에 적용되던 세율을 말한다. 그래야만 정확한 절세효과를 계산할 수 있는 것이다.

Point 17

병의원의 세금을 알기 위한
최소한의 회계용어 배우기

1. 자산

자산이란 병의원 원장이 사업과 관련하여 보유하고 있는 재산을 말한다. 이러한 재산에는 현금, 예금, 부동산, 의료기기, 보증금, 의약품, 시설장비, 미수금(미수금이란 예를 들어 보험청구액 중 미입금된 금액) 등이 있다. 여기서 주의할 부분은 개인병의원의 경우 사업주인 원장이 사업과 관련 없이 보유하고 있는 재산은 여기서 말하는 사업관련 자산에는 해당하지 않는다는 점이다. 예를 들어 자신이 살고 있는 집, 가사용으로 집에서 사용하는 물품, 사업과 관련 없이 보유하고 있는 예금, 주식 등은 여기서 말하는 자산에 해당하지 않는다.

2. 부채

부채란 병의원 원장이 사업과 관련하여 보유하고 있는 자산 중에서 타인으로부터 자금을 빌려서 조달한 부분을 나타내며, 차후에 상환해야 할 부분을 말한다. 이러한 부채에는 은행으로부터 사업과 관련하여 빌린 차입금, 물건을 구입하고 결제는 하지 않는 경우의 미지급금, 의료장비에 대한 리스채무, 직원에 대한 퇴직금 채무 등이 있다. 그러나 사업과 관련없는 주택구입시의 대출금은 여기서 말하는 부채에는 해당하지 않는 것이다.

예를 들어 1억을 차입하여 1억원짜리 의료기기를 구입했다고 가정하자. 그러면 의료기기라는 자산이 1억이 증가하고 동시에 1억원의 빚을 진 것으로, 차입금이라는 부채가 1억이 증가하게 되는 것이다.

3. 자본

자본이란 병의원 원장이 보유하고 있는 자산 중에서 원장 본인의 자금으로 운용하고 있는 부분을 나타낸다. 예를 들어 원장 본인의 돈으로 1억원짜리 의료기기를 구입하였다. 이 경우 의료기기라는 자산은 1억원이 증가한 동시에 본인의 자금으로 자산을 증가시킨 것이므로, 1억원의 자본이 증가하게 된다. 또한 사업을 하여 벌어들인 이익을 집에 가져가지 않고 재투자를 하는 경우에도 자본이 증가한다.

개인기업의 자본에 대한 오해

일반적으로 법인기업이 아닌 개인기업의 경우에는 매년 발생한 이익을 가지고 가사관련 생활비 지출도 하고 주거용 주택 구입 및 개인적인 투자목적으로 부동산·주식의 구입 등 투자를 하게 되는데, 이러한 자산 등은 개인기업의 업무와 무관한 자산이므로 기업의 장부상 자산으로 계상할 수가 없다. 이러한 이유로 이익이 상당한 우량한 기업임에도 그 이익에 대한 개인적 인출이 일어나게 되어 자본이 지속적으로 감소하게 된다. 계속 대출금을 상환하지 않은 경우 장래에는 자본잠식이 일어 나기도 한다. 은행에서는 개인기업의 사업장을 전제로 기업신용대출을 하여 주는 경우가 있는데, 이렇게 자본이 감소한 상황을 가지고 신용대출의 갱신 시점에 신용도 평가시 금리 등의 불이익을 주는 경우가 있다(사실상 개인의 입장에서는 이전보다 더욱 신용위험이 감소한 상황임에도 불구하고). 사실상 개인기업의 실체는 그 개인임에도 불구하고 이를 별도로 개인과 구분하여 사업장만을 가지고 신용도를 평가하여 발생하는 문제라 할 것이다. 은행의 여신심사 시 개인기업의 이러한 속성을 고려하여 기업신용대출에 대한 신용도 평가가 이루어져야 할 것이다. 개인적인 사견으로는 개인기업의 신용도 평가 시 재무상태변동표보다는 손익계산서를 위주로 신용도를 판단하는 것이 합리적일 것이며, 또한 재무상태변동표상 자본이 감소했다 하더라도 그 외에 그 개인의 사적 재산이 증가한 부분도 고려해야 할 것으로 사료된다.

4. 수익

수익은 병의원의 운영상 발생하는 매출, 즉 진료수입, 입원수입, 수술비 등을 통칭한다. 세법에서는 이를 '총수입금액'이라고 한다. 따라서 이 책에서 '총수입금액'이라는 표현을 사용하기로 한다.

5. 비용

수익을 얻기 위하여 발생되는 지출을 비용이라고 한다. 지출 시 일시에 비용으로 처리되는 경우(인건비, 임차료, 광고선전비 등), 지출은 했지만 수년에 걸쳐 수입을 얻는데 사용되므로, 지출 시에는 일단 자산으로 기록하였다가 매년 일정액씩 나누어 비용으로 처리되는 경우(의료기기 등의 감가상각비 등)가 있다. 세법에서는 이를 '필요경비'라고 한다. 따라서 이책에서 '필요경비'라는 표현을 사용하기로 한다.

6. 자산과 비용의 차이는?

개원을 하기 위하여 잘나가 의사는 현금 3억원을 주고 인테리어 및 의료기기를 구입하였다. 잘나가 의사는 돈을 3억원을 지출했으므로, 올해 시설투자금으로 3억원의 비용을 처리할 수 있겠다고 생각했다. 잘나가 의사의 생각처럼 올해 3억원의 비용을 처리할 수 있을까?

의료기기 및 인테리어 등은 올해만 사용하는 재산이 아니고 물리적인 마모도 서서히 일어나므로 돈을 지출한 해가 지나가도 재산가치가 여전히 남아있다고 할 수 있다. 따라서 이 경우에는 일단 자산으로 기록을 해 두었다가, 의료기기 등의 사용가능한 기간 동안 구입액 3억원을 배분하여 비용으로 처리하는 것이 그 기간 동안의 수익과 비용의 대응관계를 잘 나타낸다고 할 것이다. 이러한 이유로 현금 3억원을 지출했어도 그 전액을 첫해에 비용으로 처리할 수 없는 것이다.

또 다른 예를 들어 보자. 잘나가 의사는 병원 사업장 임차보증금으로 5,000만원을 건물주에게 지불하였다. 이 경우 병원 사업장을 구입한 해에 보증금 5,000만원의 비용을 처리할 수 있을까?

결론을 말하면, 비용으로 처리할 수 없다. 왜냐하면 보증금은 임대기간이 만료되면 다시 회수할 수 있는 돈이므로 재산가치가 소멸하지 않는다. 따라서 지출 시 자산으로 기록되는 것이지, 비용으로 처리되는 것이 아니다.

반면 매월 지불하는 임차료나 인건비 등은 월 사용료이므로, 해당 월에 비용으로 처리된다. 그러나 만약 2년치 임대료를 선불로 지불하였다면 지출한 해에 전액 비용으로 처리할 수 없고, 다음해 1년치는 선급금이라는 자산으로 기록을 해두었다가 다음해에 비용으로 처리해야 한다.

결국 정리하면 병의원과 관련하여 재산이나 서비스를 취득하며 돈을 지출한 경우 그 유형에 따라서 ① 장기간 사용하는 의료기기처럼 일단 자산으로 기록되었다가 사업에 사용되는 기간에 걸쳐 비용으로 처리되는 것, ② 임차료나 인건비와 같이 지출의 효과가 장기간 지속되지 않는 지출은 지출시점에 비용으로 처리되는 것, ③ 보증금이나 토지와 같이 재산가치가 소멸하지 않으므로 계속 자산으로 기록되며 비용으로 처리되지 않는 것 등이 있다.

Point 18

'재무제표'
최소한 이것만은 알자!

재무제표는 기업(병의원)의 일정시점의 재산상태와 그 원천을 나타내주는 '재무상태변동표' 와, 1년간 사업의 손익(손실과 이익)을 나타내주는 '손익계산서' 와 그 외 현금흐름표, 이익잉여금처분계산서 등으로 구성된다. 그러나 개인 사업자의 경우에는 이 중에서 재무상태변동표와 손익계산서가 중요하다고 할 수 있다. 따라서 개인 사업의 경우 장부를 작성한다는 것은 결국 재무상태변동표와 손익계산서를 작성하는 것이라 할 수 있다.

이러한 재무제표를 근거로 과거의 실적뿐 아니라 현재의 재무현황, 미래의 수익도 간접적으로 예측하는 것이 가능하다. 또한 소득세신고 시 세무대리인과 세금과 세무전략을 논의할 수 있는 가장 직접적인 근거자료이기도 하다.

이러한 재무제표를 작성하기 위해서는 병의원과 관련한 거래 발생 시 복식부기원리에 따라서 거래를 기록해야 한다. 복식부기란 모든 거래를 차변(왼편)과 대변(오른편)으로 나누어 기록하는 것을 말한다. 이는 단순히 현금의 수입과 지출을 기록하는 가계부와 같은 단식부기와는 다르며, 모든 거래는 기업의 손익이나 재산상태에 이중적인 영향을 미친다고 보고 거래를 차변과 대변으로 나누어 기록하는 방법으로, 재무제표를 작성하기 위해서 필수적이라 할 수 있다. 이러한 복식부기는 회계지식이 없이는 어려운 것이 현실이다. 그래서 중소업자의 경우 보통 세무대리인에게 이러한 기장을 위임하는 경우가 대부분인데, 적어도 사업주인 원장은 이러한 기록을 통해 나오는 최종결과물인 재무제표를 이해하는 정도의 지식은 갖추는 것이 좋다.

1. 재무상태변동표를 알면 병원의 재산상태를 알 수 있다.

　재무상태변동표란 일정 시점에 그 사업체의 재산상태와 그 재산을 어떻게 조달했는지를 나타내는 표로서, '자산'란에는 사업과 관련하여 보유하고 있는 재산에 관한 내용이 기록되며, '부채와 자본'란에는 자산이 어떻게 조달되었는지가 기록된다.

　자산에서 부채를 차감하면 자신의 몫인 자본이 계산된다. 즉, 보유하고 있는 자산 중에서 남의 돈으로 조달된 부분(부채), 자신의 돈으로 조달된 부분과 사업을 운영하여 얻은 이익으로 조달된 부분(자본)이 얼마인가를 나타낸다. 자산에서 부채를 차감하면 자신의 몫인 자본이 계산되며, 부채보다는 자본이 클수록 재무건전성이 좋다고 할 수 있다.

●●● **잘나가 의원의 재무상태변동표(2016년 12월 31일)**

과목	금액	과목	금액
자산내역		부채내역	
현금	5,000,000	외상매입금	20,000,000
미수금	30,000,000	차입금	200,000,000
의약품	15,000,000	부채총계	220,000,000
임차보증금	50,000,000		
차량	30,000,000	자본내역	
비품	10,000,000	자본금	120,000,000
시설장치(인테리어)	50,000,000	자본총계	120,000,000
의료기기	150,000,000		
자산총계	340,000,000	부채와 자본총계	340,000,000

　위의 재무상태변동표를 보면 잘나가 의원의 경우, 2016년 12월 31일 시점에 총자산은 3억 4천만원이고, 이 중 약 2억 2천만원의 자산은 타인으로부터 돈을 빌려서 조달했으며, 따라서 향후 갚아야 할 부분을 나타내며 나머지 1억 2천만원의 자산은 원장 본인의 돈과 영업을 통한 이익으로 조달되었음을 나타내고 있다.

2. 손익계산서는 곧 소득세의 척도이다.

손익계산서란 일정기간 동안의 손익을 나타내는 표로서, 한 해 동안 병의원의 수익과 지출비용을 나타낸다고 할 수 있다.

● ● **잘나가 의원의 손익계산서(2016.01.01~2016.12.31)**

과목	금액
I. 수입금액	500,000,000
의료보험수입	400,000,000
일반의료수입(비급여수입)	100,000,000
II. 판매비와 관리비	350,000,000
직원급여	100,000,000
의약품비	30,000,000
의료소모품비	10,000,000
복리후생비	15,000,000
접대비	5,000,000
감가상각비	50,000,000
세금과 공과금	5,000,000
지급임차료	50,000,000
광고선전비	10,000,000
보험료	5,000,000
소모품비	5,000,000
지급수수료	30,000,000
.	.
.	.
.	.
III. 당기순이익(I-II)	150,000,000

이러한 손익계산서를 통해 다음과 같은 정보를 얻을 수 있다.

- 당기순이익은 소득세를 부과하는 사업소득금액과 약간의 차이를 제외하면 거의 동일한 금액이라 할 수 있다. 따라서 올해 소득세를 얼마나 부담해야 하는지를 알 수 있다. 일정기간단위(월별, 분기, 반기등)로 이러한 손익계산서를 조기에 작성함으로써 그 해의 세금에 관한 예측을 통하여 절세전략을 수립하는데 기초가 된다 할 것이다.
- 과거의 추세는 미래를 반영하므로, 다음해의 당기순이익을 예측하는데 도움이 된다.
- 각 비용의 항목별로 과거연도와 비교함으로써 지출의 적정성을 분석하는데 유용한 정보를 얻을 수 있다.

Point 19

세무상 장부작성 의무와
갖추어야 할 장부는?

1. 병의원은 규모에 관계없이 복식부기 의무자임

사업자는 증빙서류를 비치하고 장부를 기록·관리할 의무(기장의무)를 진다. 즉, 수입과 지출에 대해서 관련 증빙서류를 보관해야 하며, 이를 바탕으로 장부를 기록·관리해야 하는 것이다.

따라서 수입금액에 관하여는 환자별 진료비 수납액을 확인할 수 있는 진료기록부나 진료비수납장부 등을 기록하고 보관하여야 한다. 또한 수납액에 대하여 신용카드결제분·현금영수증발행분·현금영수증 외의 현금수납분 등으로 구분하여 관리되어야 부가가치세나 소득세 신고 시 문제가 없을 것이다. 지출에 대하여는 영수증을 수취하고 기록하여 보관하여야 한다. 이러한 영수증의 범위에 대하여는 'Point 20'에서 별도로 알아보기로 한다.

이러한 기장의무는 기장능력에 따라 복식부기의무자와 간편장부대상자로 구분할 수 있는데, 이는 직전사업연도 매출액의 크기에 따라 구분된다. 그러나 "의사·변호사 등의 전문직 사업자의 경우에는 수입금액의 규모에 상관없이 무조건 복식부기의무를 부여하고 있다." 따라서 소득세 신고 시에 대차대조표와 손익계산서를 반드시 첨부하여 신고해야 하는 사업자이다.

2. 복식부기에 따른 장부작성을 하지 않은 경우의 불이익은?

(1) 무기장가산세

사업자가 장부를 비치·기장하지 않았거나, 비치·기장한 장부에 의한 소득금액이 실제 기장해야 할 금액에 미달한 경우에는, 무기장·미달기장에 상당하는 세액의 20%를 무기장가산세를 부과징수한다.

(2) 신고불성실가산세

복식부기의무자가 재무상태변동표, 손익계산서, 합계잔액시산표와 조정계산서를 소득세 신고 시 첨부하지 않은 경우에는 신고를 하더라도 무신고한 것으로 보아, 무신고소득금액에 상당하는 세액의 20%에 상당하는 금액(총 수입금액의 7/10,000에 미달하는 경우에는 그 총 수입금액의 7/10,000에 상당하는 금액)을 신고불성실가산세로 부과징수한다. 다만 신고는 하였으나 과소 신고한 경우에는 과소 신고한 소득금액의 10%를 가산세로 부과한다.

그러나 2007년 이후 소득분부터는 아래와 같은 부당한 방법으로 소득을 신고하지 않거나 과소하게 신고하는 경우에는 신고불성실 가산세를 기존의 20%가 아닌 당초 납부하여야 했을 세금의 40%로 대폭 강화하였다. 여기서 부당한 유형이라 함은 대표적으로 아래와 같은 경우를 말한다.

- 실제 거래 없이 비용을 과다 계상하는 경우
- 이중장부를 만들어 수입금액을 과소하게 신고하는 경우
- 허위기록·허위증빙과 허위문서 작성하는 경우
- 실제 수입을 기록한 장부와 기록을 파기하는 경우
- 차명 등의 방법으로 자산은닉과 소득원천을 은폐하는 경우

3. 장부의 보관의무

세무서는 사업자에게 사기 등 부정한 행위가 있거나 무신고의 경우를 제외하고, 5년이 지난 후에는 소득세를 부과할 수 없다. 즉, 소득세 신고를 한 후 5년이 지난 시점에는 5년 전의 소득세에 대해 세무조사를 할 수 없는 것이다. 이러한 이유로 세법은 납세자의 장부 및 증빙서류의 보관기간을 소득세 신고기한(매년 5월 31일 또는 6월 30일) 이후 5년으로 규정하고 있다.

Point 20

영수증은 어떻게
받아야 하나요?

병의원을 개원하여 사업자가 되면 영수증을 받는 것을 생활화해야 한다. 사업자가 지출한 경비가 세무상 필요경비로 인정받기 위해서는 첫 번째 사업과 관련한 지출이어야 하며, 그 다음으로는 그러한 지출이 실제 발생하였는지 스스로 입증하여야 한다. 따라서 항상 영수증을 받아 잘 보관해야 하는 것이다. 그러나 많은 병의원 원장들과 경리 담당자들은 어떻게 영수증을 받고 보관해야 필요경비로 인정받으며, 세무 상의 불이익이 없는지 매우 혼란스러워 하는 것이 사실이다. 사업과 관련하여 재화나 서비스를 구입한 경우, 어떻게 영수증을 받고 보관해야 하는지 알아보자.

1. 영수증이란?

영수증이란 거래상대방에게 대금을 지불하고 받는 서류를 말한다. 이러한 영수증에는 거래일자, 금액, 거래품목 등이 기재되어 있다. 따라서 이러한 영수증은 거래가 있었음을 증명하는 서류라고 할 수 있다. 앞으로는 이러한 영수증이라는 용어 대신, 보다 넓은 의미인 증빙서류라는 용어를 사용하기로 한다. 사업자가 되기 전에는 이러한 증빙서류를 받아도 쓸데가 없기 때문에 제대로 챙기지 않는 것이 일반적이다. 그러나 사업자가 된 이후에는 사업과 관련해 돈을 지불하고 재화나 서비스를 구입했다면, 이러한 거래 사실을 증명하는 증빙서류를 받아야 경비로 인정받을 수 있다. 따라서 병의원을 개원해 사업자가 되면, '영수증은 곧 돈'이라는 생각을 가지고 영수증받는 것을 생활화해야 한다. 증빙서류는 재화나 용역을 공급하는 사업자의 유형에 따라 여러 종류가 있다.

(1) 정규증빙이란?

정규증빙이란 '세금계산서' 또는 '계산서' 및 '신용카드매출전표' 및 '현금영수증'을 말한다. 법적으로 정규증빙이란 용어는 없지만, 실무상 이러한 증빙서류를 정규증빙이라 부르고 있다. 세법에서는 정규증빙 서류를 주고받을 것을 적극 권장하고 있다. 그 이유는 정규증빙의 경우에는 판매자와 구매자가 그 거래내역을 세무서에 신고하게 되어 있고, 이를 통해 세무서는 해당 거래 사실을 분명하게 파악할 수 있기 때문이다.

예를 들어 물건 구매자는 구입내역(판매자, 거래금액, 판매자의 사업자등록번호 등)을 신고했는데, 판매자가 판매내역을 매출로 신고하지 않는다면 어떻게 될까? 세무서는 구매자가 제출한 내역을 통해 이 판매자의 수입누락사실을 포착, 판매자에게 세금을 부과할 수 있게 된다. 모든 사업자가 거래 시에 정규증빙을 주고받는다면 세무서는 우리나라 사업자의 매출액을 정확하게 파악할 수 있다. 이러한 이유로 세법은 사업자가 정규증빙을 주고받도록 하기 위해, 법에서 정한 예외적인 경우를 제외하곤 건당 3만원을 초과하는 재화나 서비스의 구입의 경우 정규증빙을 받지 않고 다른 증빙을 받은 경우에는 그 거래금액의 2%를 가산세로 부과하고 있다. 이를 '증빙불비가산세'라고 한다. 여기서 오해하지 않아야 할 것은 다른 증빙을 받으면 경비로 인정되지 않는다는 것이 아니라, 단지 가산세가 부과된다는 사실이다. 정규증빙 외의 다른 증빙을 받은 경우에도 사업과 관련해 지출했다는 사실이 객관적으로 확인되면 당연히 필요경비로는 인정되는 것이다.

이러한 정규증빙은 재화 및 서비스를 판매하는 사업자의 유형에 따라 발행하는 증빙의 유형이 다르다. 세법상 사업자는 세 가지 유형으로 구분되는데, 사업자별로 발행해야 하는 증빙은 아래의 표와 같다. 따라서 이러한 사업자와 거래 시에는 해당 증빙을 받아야 하는 것이다.

상대방 사업자 유형		개념	받아야 하는 증빙	
부가가치세 과세사업자	일반 과세자	부가가치세가 과세되는 물건이나 용역을 공급(판매)하는 사업자	세금계산서*	'신용카드 매출전표' 또는 '현금영수증(지출증빙용)'을 받은 경우에는 세금계산서 및 계산서를 받은 것과 동일하게 취급한다.
	간이 과세자	주로 최종소비자와 거래하는 사업자로서 그 규모가 영세하여 세금계산서 발행을 면제한 사업자	형식의 제한은 없으나 통상 간이영수증이라 함. 세금계산서는 발행 못함.	
부가가치세 면세사업자		부가가치세가 면세되는 물건이나 용역을 공급(판매)하는 사업자	계산서	

* 세금계산서 발행 명의 확인할 것!

간혹 물건을 판매한 자가 아닌, 다른 제3자의 명의로 발행된 세금계산서를 받게 되기도 한다. 이는 사실과 다른 세금계산서로, 세금계산서로서의 효력이 없다. 이 경우 조세당국은 자칫 실제로는 거래 없이 가공의 세금계산서를 받은 것으로 보아 경비를 인정받지 못할 수도 있으므로 항상 자신이 거래한 사업자의 명의로 발행된 세금계산서를 받도록 주의해야 한다.

(2) 기타증빙

지금부터 정규증빙을 제외한 다른 증빙을 편의상 기타증빙으로 표현하기로 한다. 기타증빙은 특별한 형식이 있는 것은 아니고 간이영수증, 송금영수증, 입금표, 계약서, 거래내역 등 그 유형이 다양하다. 심지어 백지에 공급자 인적사항을 기재하고 공급자의 서명 또는 날인을 한 서면 역시 증빙이 된다. 기타증빙이 정규증빙과 다른 점은 세무서에 판매자와 구매자가 그 거래내용을 제출할 의무가 없어 판매자와 구매자 사이에 실제 거래가 이뤄졌는지를 실제 조사를 하지 않고는 자동으로는 확인할 수 없다는 점이다. 이러한 이유로 구매자가 판매자와 거래를 한 후 백지 간이영수증을 받아 임의대로 액수를 적어 증빙으로 사용하는 사례가 간혹 있다. 따라서 과세당국은 이러한 영수증에 대하여 의심의 눈으로 볼 수 있다. 그러므로 금액이 큰 거래를 할 때 정규증빙이 아닌 기타 증빙을 받았다면, 그 대금을 지불한 사실에 대한 객관적인 근거자료(은행송금자료 등)를 같이 보관해야 경비인정을 확실히 받을 수 있을 것이다. 은행을 통해 계좌이체나 온라인 송금으로 대금 결제를 한 후, 그 송금영수증을 상대방의 인적사항이 기록된 기타증빙과 같이 보관하는 것도 좋은 방법이다.

2. 사업자가 아닌 개인으로부터 물건을 구입하는 경우에는 어떻게 증빙을 받아야 할까?

사업자가 아닌 일반 개인으로부터 물건을 구입하는 경우에는 그 상대방이 사업자가 아니므로 정규증빙을 받을 수 없다. 따라서 이러한 경우에는 거래대상물건, 거래 상대방의 성명, 주민등록번호 등의 인적 사항과 거래금액 등을 기재한 계약서나 대금지급영수증을 보관해야 한다.

이 경우, 거래의 신뢰성을 담보하기 위해 가급적 은행을 통해 대금을 이체하고, 송금내역과 계약서 등을 같이 보관하는 것이 바람직하다. 사업자와의 거래가 아니므로 정규 영수증을 받지 못해도 가산세는 없다.

병의원 소득세!
이것만은 알자

개 원 의 를 위 한
병 의 원 세 무
길 라 잡 이

Point 21

복잡한 병의원의 수입에는
어떠한 것이 있나요?

병의원 원장의 사업소득금액 계산 시, 총수입금액은 병의원 경영과 관련해 발생한 수입액을 말한다. 예를 들어 원장의 수입액을 예치한 통장의 이자소득은 병의원의 수입이 아니라, 원장의 이자소득에 해당되어 원천징수로 분리과세된다. 금융소득(이자소득 및 배당소득)이 2천만원을 초과하는 경우에는 이자소득을 사업소득금액과 합산하여 종합과세된다.

그렇다면 병의원 건물 중 일부를 다른 사람에게 임대해서 발생한 소득은 어떻게 해야 할까? 이러한 임대소득은 병의원의 사업소득 계산 시 총수입금액으로 포함되는 것이 아니라, 원장 개인의 부동산임대소득으로서 원장의 사업소득금액과 합산, 종합과세된다.

병의원의 총수입금액은 세무신고 목적에 따라 보험수입과 비보험수입, 의료부대수입으로 분류할 수 있다.

1. 보험수입

보험수입은 병의원이 환자로부터 진료비의 일부를 받고(또는 본인으로부터 전혀 받지 않고), 나머지 진료비는 보험자(진료비의 보상을 약속한 보험기관 또는 보험사)가 지급하는 의료수입을 말한다. 이것은 병의원과 환자, 보험자의 3원적 관계에서 형성된다.

보험자는 진료비를 병의원에 지급할 때 지급액의 3.3%(주민세 포함)를 원천징수하여 세무서에 신고하고, 어디에 지급했는지에 대한 지급조서를 제출하게 되어 있다. 이렇게 함으로써 보험수입의 내역은 세무서에 자동 통보된다.

보험수입의 구분은 진료비를 지급하는 보험자가 누구냐에 따라 다음과 같이 분류된다.

● ● **보험수입의 구분**

명칭	보험자단체
의료보험수입	국민건강보험공단
의료보호수입	지방자치단체
산재보험수입	노동부
자보 및 상해보험수입	각종 보험회사, 택시공제조합, 버스공제조합 등
보훈수입	국가보훈처

세법상 병의원의 의료수입을 해당연도의 수입으로 계산하는 시기는 진료비를 수령한 시점이 아니라, '의료용역의 제공'을 완료한 시기를 기준으로 한다.

외래환자의 경우에는 진료를 받고 그 대가를 수납하게 되므로 진료완료시점에 수입을 계산하고, 입원환자의 경우에는 퇴원시점이 의료용역의 제공을 완료한 시점이 되므로 퇴원시점에 그 수입을 계산하면 된다. 다만 입원 중에 환자에게 진료비 일부를 중도 청구한 경우에는 그 시점에 그 수입을 계산해야 한다.

의료보험수입을 예로 들면, 2016년 12월에 진료하고 진료비를 2017년 1월에 청구해 2017년 2월에 입금된 경우, 이 수입은 2017년에 올린 수입이 아니라 진료시기인 2016년 수입으로 신고해야 하는 것이다.

2. 비보험 수입

비보험수입은 해당 진료가 보험 대상이 되지 않아 진료비 전액을 환자로부터 청구하여 받는 수입을 말한다. 이는 병원과 환자간의 2원적 관계에서 형성된다.

비보험수입은 불특정다수인 환자로부터 들어오는 수입으로 보험수입처럼 지급처가 존재하지 않고 환자들이 진료비 지급내역을 세무서에 신고할 의무도 없어 세무서에서 병의원의 비보험 수입내역을 파악하기 힘들었다. 그러나 최근 환자들의 신용카드 결재와 현금영수증 이용이 증가하면서 비보험매출액의 상당 부분이 노출되게 되었다.

한 가지 주의할 점은 최근 원천징수(3.3%)를 하지 않고 통장으로 입금되는 매출액도 있으므로 빠지지 않고 비급여로 신고하여야 한다는 것이다. 지급처는 존재하나 원천징수를 하지 않으므로 과세관청에는 자료가 통보되지 않고 있으나 보통 사업용계좌로 진료비를 송금받기 때문에 차후 세무조사과정에서 매출누락으로 적출될 수 있으므로 꼼꼼히 챙겨야 한다. 질병관리본부에서 시행하는 예방접종과 지방교육청이나 법원에서 지원하는 정신과상담 등이 이에 해당된다.

비급여 매출액은 원내수납금액을 알면 자동으로 산출된다. 아래의 서식을 보면 비급여액이 산출되는 과정을 쉽게 알 수 있다.

원내수납	현금(현금영수증 미발행액)
	+현금영수증 발행액
	+신용카드 발행액
	-보험수입 중 환자 본인부담금
	+질병관리본부예방접종, 지방교육청 등의 지원금
	=비급여수입

현금영수증 발급의무화

의사, 변호사 등 전문직과 예식장 장례식장 등 현금수입업종들에 대하여는 2014년 7월 이후 진료비 수납분부터는 건당 거래금액이 10만원 이상인 경우에는 환자가 원하는 경우에는 즉시 발행하여야 하며, 원하지 않는 경우에도 현금수납일로부터 5일 이내에 현금영수증을 무기명으로 발행하여야 한다. 여기서 무기명이란 국세청장이 정한 가상번호인 환자의 주민등록번호대신 "010-000-1234" 번호로 발행하는 것을 말한다. 이렇게 현금영수증을 발행하지 않은 경우에는 거래금액의 50%를 과태료로 부과한다. 실무상 보면 환자로부터 계좌이체로 진료비를 수납하는 경우 이러한 현금영수증 발급이 제대로 이루어지지 않는 경우가 있다. 따라서 수납계좌를 주기적으로 확인하여 현금영수증을 발급해야 할 것이다.

질문 1 | 건당 10만원의 의미

예를 들어 보철시술을 하고 36만원을 수납하는데 금액을 9만원씩 나누어서 4번에 걸쳐 수납하는 경우 현금영수증 발행대상인가요?

당연히 발행대상이다. 여기서 건당이란 수납이 이루어지는 금액별로 판단하는 것이 아니고 해당 의료행위 건당에 대하여 결정된 총진료비개념으로 건당을 판단하는 것이다.

질문 2 | 의료보험 환자에 대한 건당 진료비 개념

예를들어 보험급여 20만원, 본인부담금 8만원인 경우 현금영수증 발행대상인가요?

병원이 수납하는 금액은 8만원이지만 총 진료비는 10만원 이상이므로 환자로부터 수납한 8만원에 대해서는 현금영수증 의무발급대상이라고 과세당국이 유권해석을 하고 있다. 그러나 조세범처벌법 제15조 단서조항을 보면 "해당 거래가 국민건강보험법에 따른 보험급여의 대상인 경우에는 그러하지 아니한다." 라고 명시하고 있는데 보험급여대상인 '해당 거래'는 본인부담금을 뜻하는 것으로 풀이될 수 있으며 또한 본인부담금은 그 내역이 국세청에 자동통보됨에도 현금영수증 의무발급대상이라고 하는 것은 법 취지와는 맞지 않는 것으로 판단된다. 그러나 현재 이렇게 해석하고 있으므로 각별한 주의가 요구된다.

국세청의 연말정산 간소화 방안에 따라 2006년부터 국민건강보험공단이 의료비소득공제증빙에 대한 자료집중기관이 되었다. 따라서 병의원은 환자 개인에 대한 의료비내역을 국세청에 제출하게 되었다. 따라서 병의원은 매년 1월부터 12월까지의 의료비내역을 다음해 1월 중 제출하여야 한다. 이러한 의료비제출대상은 소득공제 대상 의료비로서 미용 및 성형목적 의료비는 제출대상이 아니다.

3. 의료부대수입

의료부대수입이란 직접적인 진료에 대한 대가로 얻은 수입이 아니라, 환자를 진료·치료하는 데 있어 필수적으로 제공되는 서비스에 대한 대가로 얻은 수입을 말한다. 대표적인 예로 환자에게 제공하는 급식에 대한 수입 등이 있다.

Point 22

병의원 수입에 포함되는 항목과 제외되는 항목은?

1. 포함해야 할 항목

(1) 판매장려금

제약회사 등으로부터 받는 판매장려금 등은 이 금액을 받은 연도의 총수입금액에 포함해야 한다. 왜냐하면 제약회사 등이 판매장려금을 지급하면 세무당국에 이 사실을 신고하므로, 병의원에서 누락할 경우에 추후 병의원에 세금이 고지되기 때문이다.

(2) 영업 손실 보상금 등과 휴업 및 이전보상금은 총수입금액에 포함된다.

임대계약의 중도해지 등으로 임대인으로부터 영업 손실 보상금과 휴업 및 이전보상금을 지급받을 경우, 병의원은 이를 총수입금액에 포함시켜야 한다. 다만 사업장시설 이전보상금 중 이전이 불가능한 시설에 대한 대체취득보상금은 고정자산의 양도차 손익으로 보아 총수입금액에 산입하지 않는다.

(3) 학교나 기업체와 계약후 계산서를 발급하고 총수입금액에 포함하여야 한다.

학교나 기업체와 검진계약을 맺고 의료용역제공 후에는 반드시 계산서를 발급하여야 한다. 그런데 의원급에서는 계산서 발급이나 관리가 소홀한 경우가 많아 매출신고 시 누락되는 경우가 흔하다. 계산서의 경우는 일단 발급이 되면 상대방도 매년 계산서 내역을 세무서에 제출하므로 병의원에서 신고가 누락되면 자동으로 불부합자료가 발생하여 소명을 요구하게 된다. 그러므로 발급된 계산서는 잘보관하고 담당 세무사에게 정확하게 전달되도록 유의해야 한다.

2. 제외해야 할 항목

(1) 시설 장비 처분이익(업무용차량 제외)

병의원에서 의료기기나 집기, 비품 등 시설 장비를 사용하다가 다른 병의원에 양도하는 경우가 있다. 양도 대가로 받은 금액이 감가상각 후의 시설 장비(병원부지와 건물은 제외 – 사업소득이 아닌 양도소득으로 과세됨)의 장부상 가액을 초과하는 경우에는 처분이익이 발생한다. 이러한 처분이익은 소득세법에서 소득으로 규정하지 않으므로 총수입금액에서 제외되며, 소득세 과세대상이 아니다. 반대로 처분손실이 발생한 경우에도 비용으로 인정되지 않는다.

예를 들어 잘처분 이라는 의사가 1억원에 구입한 의료기기를 2년간 사용하면서, 6천만원만큼 감가 상각하여 장부상 남은 가액이 4천만원이 되었다. 이후 잘처분 의사는 이 의료기기를 다른 병원에 5천만원에 팔아서 1천만원의 처분이익이 발생했다. 이 때 1천만원의 처분이익은 총수입금액에 포함되지 않으며, 소득세 과세대상도 아니다.

(2) 부당과다청구로 인한 환수금액

당해 진료수입 중 환수조치된 금액이 있다면, 이는 당해 연도 진료수입에서 차감해야 한다.

그러나 2014년도 진료분에 대하여 공단으로부터 부당과다청구로 심사받아 2016년도에 2014년도 진료비 중 일부에 대하여 과다청구로 환수조치 당하는 경우에는 이 환수금액을 당초 2014년도의 수입금액에서 차감하여 2014년도를 다시 수정신고하여야 하는지 아니면 환수금액이 결정된 2016년도 진료비에서 차감하여 신고하여야도 되는지가 실무상 문제가 된다. 후자의 경우로 신고하면 신고가 간편하게 이루어질 수 있지만 전자의 경우에는 기 신고된 부분을 수정하여 다시 신고하여야 하는 것이다. 과세당국은 이러한 경우 과거 해당 연도의 수입금액을 수정하여 신고하여야 한다고 하고 있다. 그러나 실제로 환수금액이 빈번히 발생하는 경우에는 발생 시 마다 과거 연도를 수정 신고하여야 하는 번거로움이 발생하게 된다. 따라서 세법 논리에는 부합하지 않지만 환수금액이 확정된 해의 수입금액에서 차감하도록 허용하는 것이 실무적으로는 바람직할 것으로 생각된다. 그러나 이로 인하여 부과된 과태료는 비용으로 인정되지 않는다.

(3) 본인부담 감면액

보험대상 진료에 있어서 병의원이 환자가 부담해야 할 진료비를 자선의 목적 등으로 일부 경감해주었거나 아예 받지 않은 경우, 과세당국의 유권해석은 그 경감액을 총수입금액에서 제외하도록 하고 있다. 그러나 문제는 이러한 감면행위가 환자유인행위에 해당하여 의료관련법 위반으로 관련 제재를 받을 수 있다는 점이다. 따라서 진료비 경감액을 총수입금액에서 제외하기 전에 관련법규를 검토할 필요가 있다.

또한 진료비 감면액의 경우 사실관계에 따라 기부금이나 접대비로 볼 소지가 있으므로 감면에 대한 정확한 기준(연령기준, 기초생활수급기준 등)을 마련하고 진료비감면확인서를 장부로 보관하여야 한다.

Point 23

병의원 경비로
인정받기 위한 요건은?

세법은 필요경비란 "사업소득금액을 계산할 때 필요경비에 산입할 금액은 해당 과세기간의 총수입금액에 대응하는 비용으로서 일반적으로 용인되는 통상적인 것의 합계액"이라고 규정하고 있다. 그리고 그러한 예로서 필요경비의 유형을 예시하고 있다. 따라서 세법에 명시된 것만이 필요경비가 아니고 사업과 관련하여 그 필요성이 객관적으로 인정되는 비용은 그 명칭에 관계없이 필요경비로 인정되는 것이다.

이렇게 사업과 관련해 지출된 비용이라 할지라도 지출증빙이 없다면 필요경비로 인정받지 못하게 된다. 따라서 우선적으로 적격증빙(세금계산서, 계산서, 신용카드영수증, 현금영수증)을 수취·보관하고 이것이 어려울 시에는 은행을 통한 송금내역과 함께 상대방을 입증할 수 있는 자료(견적서, 입금표, 사업자사본 등)를 확보해야 한다.

Point 24

인건비의 유형과
경비처리 방법은?

인건비는 크게 급여와 퇴직금으로 나눌 수 있다. 이하에서는 이러한 인건비의 종류와 경비처리 방법에 대해서 살펴본다.

1. 급여

급여란 종업원으로부터 근로를 제공받고 지급한 각종 비용을 말한다. 여기에는 기본급, 상여, 각종 수당 등이 있다. 급여는 병의원의 업무와 관련하여 지출한 것이므로 모두 필요경비로 인정된다. 다만, 현금으로 지급하는 경우에는 세무조사 등을 받을 때 사실입증이 어려울 수 있으므로 가급적 은행이체를 하는 것이 좋다. 급여는 병의원의 필요경비 중 가장 큰 비중을 차지하는 만큼, 그 신고가 제대로 이루어져야 할 것이다.

급여는 종업원에게 지급될 때 근로소득세를 원천징수하여 급여를 지급한 달의 다음달 10일까지 세무서에 신고, 납부된다. 한편 병의원 원장인 사업주가 가져가는 급여는 필요경비로 인정되지 않는다. 한편 근로소득세가 비과세되는 급여도 있는데 이는 다음과 같다.

- 식대: 종업원에게 식사를 제공하지 않고 식대를 별도로 지급하는 경우에는 월 10만원까지 근로소득세가 비과세된다. 병의원이 직접 식사를 제공

하는 경우에는 이러한 비과세가 적용되지 않는데, 이 때에는 직접 영수증을 받을 수 있으므로 실무상 급여가 아닌 복리후생비로 처리한다.

- 출산·자녀보육관련 수당: 근로자 또는 그 배우자의 출산이나 6세 이하의 자녀보육과 관련하여 지급받는 급여의 경우 월 10만원 이내의 금액은 근로소득세를 과세하지 않는다.

- 일직·숙직수당, 여비로서 실비변상적인 금액: 병의원에서 사전에 정한 사규에 의해 지급하는 경우에는 실비변상적인 금액 범위 내의 일직수당, 숙직수당, 여비금액은 비과세된다. 여비가 아닌 일직수당이나 숙직수당의 경우 실비변상적인 금액 범위를 구체적으로 얼마라고 규정할 수 없으며, 해당 종업원의 통상적 시간당 급여의 범위 내에서 내부적으로 정하면 될 것으로 생각된다.

- 자가운전보조금: 종업원이 자신의 소유차량을 병의원 업무에 사용할 때, 병의원의 내부규정에 의해 월정액을 보조받는 경우를 말한다. 이러한 자가운전보조금은 월 20만원까지 비과세된다. 그러나 종업원이 차량에 소요된 경비를 별도로 병원에 청구하여 이를 지급하면서 자가운전보조금도 지급한다면, 이는 명목상 자가운전보조금일지라도 전액 과세된다.

- 학자금: 종업원의 직무능력을 향상시키기 위해 종업원에게 지급한 학교와 직업훈련시설의 입학금·수업료·수강료 기타 공납금 중 다음의 요건을 모두 갖춘 학자금은 근로소득세가 비과세된다. 그러나 종업원의 자녀에게 학자금을 지급할 경우, 이는 모두 근로소득으로 과세된다.
  _ 병의원 업무와 관련 있는 교육 및 훈련을 위해 지불하는 것
  _ 병의원의 규칙 등에 의하여 정해진 지급기준에 따라 지불하는 것
  _ 교육 및 훈련기간이 6개월 이상인 경우 교육 및 훈련 후 당해 교육기간을 초과하여 근무하지 않는 때에는 지급받은 금액을 반납할 것을 조건으로 하여 지불하는 것

- 피복수당: 종업원에게 현금으로 지급한 피복 구입비는 근로소득세가 비과세된다. 종업원의 피복을 병의원에서 직접 구입했을 때에는 영수증을 받아 복리후생비로 처리하면 된다.

● 단체순수보장성·환급부보장성 보험의 보험료: 종업원의 사망, 상해 또는 질병 등이 지급사유이고 종업원을 피보험자와 수익자로 하는 보험으로서 만기에 납입보험료를 환급하지 않는 보험(단체순수보장성보험)과 만기에 납입보험료를 초과하지 않는 범위 안에서 환급하는 보험(단체환급부보장성보험)의 보험료 중 연 70만원 이내의 금액
● 벽지수당: 일정한 의료취약지역에 근무하는 의료법상 의료인(의사, 치과의사, 한의사, 조산사, 간호사)으로서 벽지에 근무함으로 인하여 받는 20만원 이내의 벽지수당

2. 일용직 급여

일용직이란 근무일이나 시간 또는 그 성과에 따라 급여를 받으며, 동일한 고용주에게 3개월 이상 계속하여 고용되어 있지 않은 종업원을 말한다. 일용직에 대한 급여 역시 세무서에 그 내역과 원천징수세액이 신고됨으로써 경비로 인정된다.

일용직 급여는 지급될 때 원천징수되는 것으로 모든 납세의무가 종결되고, 일용직 직원에 대한 인적 사항, 지급금액, 지급시기 등을 기재한 지급조서를 그 지급일이 속하는 분기의 마지막 달의 다음 달 말일까지 제출하여야 한다. 다만 근로계약이 과세기간 중에 종료되는 경우에는 근로계약이 종료되는 날이 속하는 분기의 마지막 달의 다음달 말일까지 제출하여야 한다.

일용직 급여에 대한 근로소득세는 다음과 같이 계산하는데, 일급여액이 10만원 이하인 경우에는 근로소득세가 없다.

> 일용직에 대한 근로소득세 = (일급여액 − 10만원) × 6% × 45%

3. 퇴직금

종업원이 상당한 기간을 근속하고 퇴직할 경우에 퇴직자에게 일시금으로 지급되는 금액으로, 병의원의 필요경비로 인정된다. 또한 종업원 퇴직 시 지급한 해고예고수당 등도 퇴직금에 포함된다. 그러나 사업주인 원장에게는 별도의 퇴직금이 있을 수 없으므로 퇴직금 명목으로 돈을 가져갔다고 해도 필요경비로 인정받지 못한다.

퇴직금은 종업원의 입장에서는 퇴직소득이 되므로, 원장은 종업원의 퇴직금을 지급한 달의 다음달 10일까지 퇴직소득세를 계산, 원천징수세액을 신고, 납부해야 한다.

퇴직금에 대한 경비처리방법으로는 종업원 퇴사로 퇴직금을 지급할 때 전액 비용으로 처리하는 방법과, 종업원의 퇴직급여를 지급하기 위하여 납부하는 퇴직연금의 부담금을 경비처리 하는 방법이 있다.

(1) 실제 퇴직 시 전액 비용처리

종업원의 퇴사로 퇴직금을 지급하는 경우, 지급액은 모두 퇴직한 해의 비용으로 인정된다.

최근까지 종업원이 퇴사하기 전에 퇴직금을 매년 중간정산해서 지급하는 경우가 많았다. 그러나 2012년 7월 26일부터는 법이 정한 일정한 사유 외에는 퇴직금 중간정산이 허용되지 않는다. 그러므로 종업원이 중간정산을 요구할 경우에는 중간정산신청서와 해당사유에 대한 입증서류를 받아두어야 한다.

(2) 퇴직연금 등에 지출할 시 비용처리

정부는 기업이 도산 시 퇴직금을 지급하지 못하는 문제를 해소하기 위해 퇴직연금 등에 가입하도록 권유하고 있다. 이러한 퇴직연금 등에 사업주가 가입하면 부담금을 납부하게 되는데, 이런 부담금은 퇴직금추계액(종업원 전원이 일시에 퇴직할 시 지급되어야 할 퇴직급여)의 100% 범위 내에서 전액 경비로 인정한다. 단, 퇴직금은 퇴직연금사업자에서 지급하므로, 퇴사 시에 부담금과는 별도로 추가 지급한 금액에 대해서는 역시 퇴직금으로 경비 인정된다. 이러한 퇴직연금에는 확정기여형과 확정급여형이 있다. 확정기여형의 경우에는 매년 사업주가 납부하는 부담금 전액(연간 임금총액의 1/12 이상)을 비용처리하여 주며 근로자가 퇴직할 경우 추가적인 퇴직급여의 지급의무는 없다. 확정급여형의 경우에는 퇴직금추계액의 100% 범위 내에서 매년 부담하는 부담금 납부액을 비용으로 인정하며 근로자가 퇴직할 경우 퇴직급여를 재정산하여 추가적인 퇴직급여액이 발생하면 지급해야 한다.

의약품과 의료소모품은
어떻게 비용처리 되나요?

병의원에서 진료과정에 사용될 의약품·의료소모품은 의료서비스의 생산과정에 사용되는 원재료성격의 재고자산이라 할 수 있다.

이러한 의약품 등의 재고자산 의료서비스의 생산과정에 곧 사용되어 물리적으로도 모두 소진되며 올해의 수입을 얻는데 기여 하므로, 사용한 의약품 등의 구입액은 올해에 전액 비용처리된다. 여기서 중요한 것은 '사용한' 의약품이라는 것이다. 즉, '구입한' 모든 의약품 등이 경비처리되는 것이 아니고 '구입한' 의약품 중 '사용한' 의약품만 경비처리가 된다는 것이다. 그러므로 의약품 등은 당해 연도 구입액을 단순히 당해 연도의 비용으로 처리하면 안 된다. 따라서 남은 의약품 등은 다음 연도로 넘어가게 된다.

당해 연도 경비 (매출원가) =	기초재고 의약품·의료소모품
	(+)당기 매입 의약품·의료소모품
	(-)기말재고 의약품·의료소모품

또한 의약품 등의 사용액은 진료수입과 상당한 비례관계가 있다. 예를 들어 의약품 등 사용액은 전년도보다 많이 증가했는데 진료수입이 줄어든 것으로 신고하거나, 동종 병의원의 매출액 대비 평균의약품 비율보다 너무 높게 신고된다면 세무서는 해당 병의원이 수입금액을 누락했거나 의약품을 사실과 다르게 과다계상한 것으로 볼 소지가 있으므로 각별히 유의하여야 한다.

Point 26

복리후생비에는
어떤 지출이 포함되나요?

복리후생비는 종업원의 복지와 후생을 위해 지불되는 경비를 말한다. 종업원에 대한 복리후생에 대한 지출은 생산성의 증가로 이어져 병의원의 수입을 증가시킬 수 있다. 따라서 이는 전액 필요경비로 인정된다. 병의원에서 발생되는 복리후생비를 유형별로 살펴보면 다음과 같다.

1. 식대(병의원에서 식사 제공 시)

병의원에서 종업원의 식사를 직접 마련하거나 식당과 계약을 맺어 제공하는 경우, 이 비용은 복리후생비로 처리된다. 건당 3만원 초과일 때에는 정규영수증을 수취해야 가산세가 부과되지 않으므로, 가능한 한 신용카드로 결제하도록 한다. 건당 3만원 미만인 경우에는 간이영수증을 받아도 된다.

여기서 '건당'이란 영수증상의 거래금액이 기준이다. 따라서 식당에 월단위로 식대를 합산해 결제하는 경우 총금액을 기준으로 영수증을 받지 말고, 매 식사 때마다 영수증을 받는 방법을 택해야 한다.

2. 4대보험에 대한 사업주 부담분

사회적인 안전망을 확충하기 위하여 현재 거의 모든 사업장이 4대 사회보험의 가입이 의무화되었다. 병의원의 경우 4대보험(국민연금, 건강보험, 고용보험, 산재보험) 모두 의무가입대상 사업장이 된다. 4대보험은 종업원이 자신의 급여에서 일부를 부담(종업원 부담분)하고, 나머지는 사업주가 부담(사업주 부담분)하는 형태를 취하고 있다. 여기서 종업원 부담분은 급여로서 비용처리가 되는 것이며, 사업주부담분은 복리후생비로 비용처리가 된다.

국민연금과 국민건강보험의 경우에는 사업장가입을 하게 되면 사업주인 병의원장도 사업장가입이 되어 보험료를 납부하게 된다. 부담하는 보험요율은 사업주의 사업소득금액에 종업원부담분과 사업주부담분을 합친 보험요율을 곱한 금액이며, 이때 납부하게 되는 사업주의 건강보험료는 사업상의 경비로 인정된다. 그러나 국민연금보험료의 경우에는 납부액을 전액 소득공제를 하여주고 있다. 이는 세무상 비용처리를 하여주는 것과 거의 동일한 효과라고 할 수 있다.

3. 경조사비

종업원에 대한 경조사비는 사회 통념상 타당하다고 인정되는 범위 내에서 비용으로 인정된다. 청첩장이나 부고장 등과 같이 경조사가 있었음을 입증할 수 있는 자료와 지출결의서 등을 함께 보관하면 된다.

4. 피복비

종업원의 유니폼 구입대금은 유니폼을 판매하는 상대방이 사업자이므로 정규증빙서류를 받아두어야 가산세가 부과되지 않는다. 만일 종업원에게 현금을 지급, 유니폼을 구입하게 하는 경우에는 급여로 경비처리하면 된다(이 경우 피복수당으로 종업원의 근로소득세는 비과세 됨). 이 때에는 별도로 영수증을 받아둘 필요가 없다.

5. 사내행사비

체육대회·산행대회 행사비 등 회사가 주관하는 행사에 대한 비용은 사업과 관련하여 지출되는 비용으로 인정된다. 이러한 비용에는 교통비, 식사 및 음료대, 회식대, 숙박비, 기타 각종 행사참가비 등이 있다. 이러한 지출에 대해서도 거래건당 3만원 초과인 경우에는 거래 상대방으로부터 정규증빙 영수증을 받아두어야 증빙불비가산세가 부과되지 않는다. 단, 국세청장이 고시한 전산발매통합관리시스템에 가입한 사업자로부터 놀이공원 등의 입장권, 고속버스표·기차표 등의 승차권, 항공료 등의 승선권을 구입한 경우에는 정규증빙서류를 받지 않아도 된다. 이 경우 입장권 등이 정규증빙의 역할을 하기 때문이다.

이러한 사내행사비의 경우 과세당국에서는 가사 관련 경비로 오해할 수도 있으므로 가급적 행사일지도 같이 작성해 보관하는 것이 좋다. 가사 관련 경비란 말 그대로 집에서 사용하는 경비로서 가족들과의 외식, 집에서 사용하는 물건의 구입, 주택수리비, 주택을 구입하며 빌린 대출금의 이자 등 사업과는 무관하게 지출한 경비를 말한다. 이러한 가사 관련 경비는 세법상 필요경비로 인정되지 않는다.

6. 사택 및 기숙사 관련비용

종업원에게 기숙사를 제공하는 경우 그 관련지출은 비용으로 인정된다. 즉, 기숙사를 임차하는 경우에는 임차료가 비용으로 인정되며, 직접 구입하는 경우에는 그 취득가액 중 건물가액에 해당하는 금액에 대하여는 감가상각을 통해 비용으로 인정된다. 또한 종업원에게 사택을 제공하는 경우에도 일정 요건을 갖춘 경우에는 비용으로 인정된다.

세법은 "종업원이 사택을 제공받음으로써 얻는 이익은 근로소득으로 보지 않는다"고 규정하고 있다. 따라서 사택과 관련하여 지출하는 비용은 급여가 아닌 복리후생비로 비용처리되는 것이다. 여기서 사택이란 아래의 경우를 말한다.

(1) 사업주가 소유하고 있는 주택을 종업원 및 임원에게 무상 또는 저가로 제공하거나, 사용자가 직접 임차하여 종업원 등에게 무상으로 제공하는 주택을 말한다.

(2) 사업주가 임차주택을 사택으로 제공하는 경우 임대차기간 중에 종업원 등이 전근·퇴직 또는 이사하는 때에는 다른 종업원 등이 해당 주택에 입주하는 경우에 한하여 이를 사택으로 본다. 다만, 다음의 경우에는 그러하지 아니하다.

● 입주한 종업원 등이 전근·퇴직 또는 이사한 후 해당 사업장의 종업원 등 중에서 입주 희망자가 없는 경우
● 해당 임차주택의 계약잔여기간이 1년 이하인 경우로서 주택임대인이 주택임대차계약의 갱신을 거부하는 경우

Point 27

의료기기를 샀는데
그 해 모두 경비처리할 수 있나요?

일반적으로 새로운 지출을 하게 되면 당연히 세금이 그에 비례하여 줄어든다고 생각한다. 그런데 지출이 늘었는데도 세금이 별로 줄지 않는 경우가 많다. 이것은 그 지출이 해당 연도에 모두 경비처리되는 것이 아니라 감가상각이라는 방법을 통해 경비처리가 되기 때문이다. 예를 들어 의료기기에 1억을 투자했다고 하면 이 1억은 투자한 연도에 모두 경비처리되는 것이 아니고 해당 자산이 수입을 창출하는 기간을 고려하여 합리적·체계적으로 배분되어야 하는 것이다. 이것을 감가상각이라고 한다.

이러한 감가상각대상자산은 다음과 같은 자산을 말한다. 단, 시간경과에 따라 그 가치가 감소하지 않는 자산은 감가상각의 대상이 되지 않는다. 따라서 토지 및 서화나 골동품 등은 병원에서 사용하고 있다 해도 감가상각의 대상은 되지 않고 단지 자산이 될 뿐이다.

유형의 고정자산 (손으로 만질 수 있는 형체가 있는 자산)	건축물
	차량운반구
	의료기기
	집기 및 비품
	인테리어 등의 시설장치
무형의 고정자산 (손으로 만질 수 없는 형체가 없는 자산)	영업권(권리금)
	상표권

즉시상각제도

장기간 사용할 목적으로 취득한 자산이라 하더라도 모든 감가상각자산에 대해서 개별적으로 감가상각을 한다는 것은 실무상 상당히 번거로운 일이다. 예를 들어 소액의 의자나 책상의 경우 개별적으로 감가상각을 하기 위해서는 개별자산별로 그 취득가액과 감가상각비를 매년 기록을 해나가야 하는데 이것은 그 금액의 크기에 비해서 그 관리노력이 과다하다 할 것이다.

따라서 일정한 자산의 경우에는 취득한 해에 그 취득가액을 전액 비용으로 처리할 수 있도록 하는 규정을 두고 있다. 이를 '즉시상각제도'라 한다. 이 제도는 사업주의 선택에 따라 적용하도록 하고 있으므로 개별적으로 감가상각을 하는 방법도 가능하다.

여기서 일정한 자산이란 취득가액이 거래단위별로 100만원 이하인 감가상각자산을 말한다.

그러나 이 경우라 하더라도 사업의 성격상 대량보유하고 있는 것은 즉시상각이 배제된다.

Point 28

감가상각비는
어떻게 계산하나요?

감가상각비가 계산되기 위해서는 다음의 세 가지 요소가 결정되어야 한다.

❶ 취득가액

취득가액이란 해당 자산을 취득하는 과정에서 소요된 모든 금액을 말한다. 따라서 자산의 직접적인 구입액뿐만이 아니라 그 취득과정에서 부담하게 되는 제세공과금과 운반비 등 기타 부대비용을 모두 합친 금액을 취득가액으로 한다. 만일 증여 등 무상으로 자산을 취득하여 취득대가로 지출한 것이 없는 경우에는 그 무상으로 취득할 당시의 시가를 취득가액으로 한다.

❷ 내용연수

내용연수란 자산의 사용가능기간을 말한다. 자산의 취득가액은 이러한 내용연수기간동안 비용으로 배분된다. 따라서 이러한 내용연수의 길고 짧음에 따라 해당년도의 감가상각비가 달라지게 된다. 이러한 내용연수는 자산을 취득한 시점에 합리적으로 예측해야 하는데, 이를 개별사업자들이 임의로 예측하도록 하면 똑 같은 자산이라도 사업자마다 그 비용배분액이 달라지는 경우가 발생한다. 이러한 문제점을 해소하기 위해 세법은 각 자산마다 기준내용연수를 법으로 정해 놓고 있다. 또한 이러한 기준내용연수의 25%를 가감하여 내용연수범위를 정하고 있으므로 이 범위 내에서 선택하여 신고를 하게 되면 신고한 내용연수를 적용받게 된다. 무신고의 경우에는 당연히 기준내용연수를 적용받게 된다. 보통 내용연수가 짧을수록 한 해에 경비처리할 수 있는 금액이 커지므로 내용연수범위 중 가장 짧은 연수를 신고하는 것이 유리하다.

구분	기준내용연수	내용연수범위(선택)
1. 건축물	40년	30년~50년
2. 차량, 집기 및 비품, 인테리어, 의료기기	5년	4년~6년
4. 영업권, 상표권	5년	없음

❸ 잔존가액

잔존가액이란 내용연수가 종료된 시점에 해당 자산을 처분할 경우 받을 수 있는 처분 금액에서 철거비용을 차감한 가액을 말한다. 세법은 잔존가액은 "0원"으로 하고 있다. 단, 정률법이라는 감가상각방법을 적용할 경우에는 계산과정상 잔존가액을 가정해야만 감가상각비가 계산된다. 따라서 이 경우에만 잔존가액을 취득가액의 5%로 정하고 해당 잔존가액은 감가상각종료년도의 감가상각비한도액에 가산한다.

위 세 가지 요소가 결정되면 감가상각비는 다음의 두 가지 방법 중 선택하여 적용하면 된다.

❶ 정액법 (건축물과 영업권 등의 무형자산은 정액법만 적용가능)

정액법이란 감가상각이 시간에 정비례하여 균등하게 일어난다고 보고 매년 동일한 금액을 감가상각비로 계상하는 방법이다. 그러나 만일 연중에 취득하거나 처분한 자산의 해당연도 감가상각비는 아래의 1년치 감가상각비를 그 보유월수만큼 안분한 금액이 한도액이 된다.

> 매년 감가상각비 한도액 = 취득가액 × 상각률*

*상각률 = 1/내용연수

❷ 정률법

정률법이란 초기에는 감가상각을 많이 하고 후기로 갈수록 감가상각을 적게 하도록 고안한 방법이다. 이는 그 상각률을 계산하는 방법이 상당히 난해하다. 따라서 이미 내용연수별로 계산해 놓은 상각률을 이용하여 감가상각계산 방법을 알아보기로 한다. 그러나 만일 연중에 취득하거나 처분한 자산의 해당 연도 감가상각비는 아래의 1년치 감가상각비를 그 보유월수만큼 안분한 금액이 한도액이 된다.

> 매년 감가상각비 한도액 = (취득가액 - 취득후부터의 감가상각비 합계액) × 상각률*

● ● **내용연수별 상각률**

내용연수	2년	3년	4년	5년	6년
상각률	77.7%	63.2%	52.8%	45.1%	39.4%

세법은 한 해에 비용으로 계상할 수 있는 감가상각비의 한도만을 규정하고 있을 뿐 반드시 한도액만큼 계상해야 하는 것은 아니다. 따라서 이익이 크지 않아 적용되는 세율의 구간이 낮을 때에는 감가상각비를 한도 내에서 임의로 비용처리할 수 있다. 그렇다고 전년도에 계상하지 않은 감가상각비를 올해의 한도액에 더 하여 같이 계상하는 것은 불가능하다. 단지, 한 해의 한도액 내에서만 자유로이 감가상각비를 계상할 수 있는 것이다.

성공병원의 2017년 4월에 아래의 자산을 구입하였다.
2017년 감가상각비는 얼마인가?

- 부동산: 토지가액은 1억 4천만원이고 건축물가액은 1억 5천만원이다.
  내용연수는 30년으로 신고했다.
- 의료기기: 2억원에 의료기기를 구입했다. 내용연수는 4년 신고, 정률법
  을 선택했다.

- 부동산(토지는 대상이 아님)
  건출물 감가상각비 한도 = 1억 5천만원 × (1/30년) × 9월/12월 = 3,750,000원

- 의료기기
  의료기기 감가상각비 한도 = 2억원 × 52.8% × 9월/12월 = 79,200,000원

성공병원은 올해 건물분에 대해서는 3,750,000원, 의료기기에 대해서는 79,200,000원의 한도액 내에서 감가상각비로 처리할 수 있다. 이는 한 해에 비용으로 처리할 수 있는 한도액을 의미하므로 반드시 해당금액을 비용으로 처리해야 하는 것은 아니고 한도액 내에서 선택하여 비용으로 처리하면 된다.

Point 29

감가상각을 다 못한 의료기기를 교체하는 경우 남은 금액에 대해 경비처리가 가능한가요?

고정자산을 물리적 마모 등으로 인한 성능의 저하 또는 신기술의 개발로 기존 자산의 경쟁력상실 등으로 처음에 예정한 내용연수까지 사용하지 못하고 외부에 처분하는 경우가 있다.

이때 세법은 고정자산(토지 및 건축물은 제외)을 외부에 처분한 경우 처분으로 인한 이익이 발생한 경우에 그 처분이익에 대해서는 사업소득의 범주에 속하지 않아 소득세를 부과하지 않는다. 이에 대응하는 개념으로 처분손실이 발생한 경우에는 해당 처분손실은 사업상경비로 인정하지 않는다. 즉, 고정자산 처분은 계속적 및 반복적으로 발생하는 거래가 아니므로 이에 대한 처분이익을 사업소득으로 보지 않고 처분손실은 사업상의 비용으로도 인정하지 않는 것이다.

다만, 세법은 시설개체 또는 기술낙후로 인하여 생산설비의 일부를 폐기한 경우 당해 자산의 장부가액(취득가액에서 감가상각비누계를 차감한 금액)에서 처분가액을 공제한 금액은 처분일이 속하는 사업년도의 비용으로 계상할 수 있다고 규정하고 있다.

국세청의 법해석을 인용하면 여기의 생산설비에는 보건업에서 사용하는 의료기기는 당연히 포함이 되고, 그외 인테리어설비 중 진료를 하기 위해 필수불가결한 부분은 여기에 해당한다고 하고 있다.

그러나 차량 등은 이러한 생산설비에 포함되지 않으므로 폐기손실은 비용으로 인정되지 않는다고 보아야 한다.

[관련예규: 서일 46011-10015]

사업자가 사업과 관련하여 임차건물에 설치한 업무용 시설물을 임대차계약의 해지로 인하여 당초 임대차계약내용에 따라 원상회복을 위한 방법으로 철거한 경우 당해 시설물의 장부가액과 처분가액의 차액을 당해 연도의 필요경비에 산입할 수 있는 것임.

사례

성공병원은 다음과 같은 상황에서 의료기기를 바꾸려고 하고 있다.

현상황
- 의료기기명: 쇄석기
- 최초취득가액: 1억원
- 그동안 감가상각된 금액: 6,000만원
- 기존보유 쇄석기 매각 시 받을 수 있는 금액(처분가액): 1,000만원

이 경우 기존보유 쇄석기를 매각 시 얼마를 비용으로 처리할 수 있는가?

- 비용처리할 수 있는 금액 =
  장부가액(1억원 - 6,000만원) - 처분가액(1,000만원) = 3,000만원
  ⇒ 성공병원은 시설개체로 3,000만원의 손실을 계상할 수 있다.

Point 30

세금을 내느니 대출금을
갚지 않는 게 낫다던데?

돈을 빌려서 병의원과 관련하여 지출을 하는 경우에는 빌린 돈에 대한 이자는 사업상의 비용으로 인정된다. 그런데 간혹 대출금에 대한 이자비용은 당연히 경비처리가 된다고 생각하여 세금을 줄일 수 있으니 대출금을 상환할 필요가 없지 않느냐는 질문을 받을 때가 있다. 모든 대출금에 대한 이자가 경비로 인정되는 것은 아니다. 그러므로 아래에서 설명하는 내용에 해당하는지를 확인하고 대출금의 상환여부를 경정하는 것이 좋다. 만약 해당이 되는데도 이자를 내고 있다면 세금을 한 푼도 줄이지 못하면서 이자만 지출하게 되는 것이다. 대출금에 대한 이자비용 중 경비로 인정되지 않는 몇 가지가 있는데 여기서는 이를 살펴보자.

1. 돈을 빌려준 사람이 객관적으로 확인되지 않는 차입금의 이자

타인으로부터 돈을 빌릴 때 채권자가 확인이 안 되는 차입금에 대한 이자는 세법이 인정해 주지 않다. 여기서 채권자가 확인되지 않는 경우란 다음의 경우를 말한다.

- 채권자의 성명 및 주소를 확인할 수 없는 차입금
- 채권자의 능력 및 자산상태로 보아 금전을 대여한 것으로 인정할 수 없는 차입금
- 채권자와의 금전거래사실 및 거래내용이 불분명한 차입금

그리고 채권자를 확인할 수 있어서 경비처리를 하고자 할 때에는 상대방에게 이자를 지급할 시 이자소득에 대해 원천징수(27.5%)해서 신고, 납부할 의무가 있다.

2. 초과인출금에 대한 이자

초과인출금이란 당해 과세기간 중 부채의 합계액이 사업용자산의 합계액을 초과하는 경우 그 초과하는 금액을 말하는 것이며, 이러한 초과인출금에대한 지급이자는 경비로 인정하지 않겠다는 것이다. 즉, 자산을 초과하는 부채에 대한 이자는 경비로 인정하지 않는다는 것이다. 초과인출금에 대한 이자비용을 계산하는 방법은 다음과 같다.

> 초과인출금에 대한 이자비용 =
> 이자비용 × (당해 연도 중 초과인출금 적수/당해 연도 중 차입금 적수)

사례

성공의원은 2015.1.1일에 개원을 하였다. 장기차입금은 하나이며 2015.1.1일에 차입하였다. 개원 당시 자산가액은 1.5억이고 당해 연도 감가상각비로 5천만원을 처리하였다.

2016년말 대차대조표상 자산가액은 1억원(취득가액 1.5억원 - 감가상각누계 0.5억)이고 부채(장기차입금)의 가액은 1억 5천만원이다. 그리고 1년간 지급된 이자비용은 6백만원일 경우 초과인출금에 대한 이자비용을 계산하시오.

- 초과인출금: 1억 5천만원(부채) - 1억원(자산) = 5천만원
- 초과인출금적수: 5천만원 × 365 = 18,250,000,000
- 차입금적수: 1억 5천만원 × 365 = 54,750,000,000
- 초과인출금에 대한 지급이자 = 2,000,000
  → 경비인정이 안 되는 이자비용
    (6백만원 ×18,250,000,000/54,750,000,000 = 2,000,000)

위 계산을 살펴보면 결국 이자비용 6백만원 중 2백만원은 비용으로 인정하지 않는다는 것이다. 왜냐하면 자산을 초과하는 부채는 사업과 무관하게 개인적으로 사용되었다고 세법에서는 보기 때문이다. 즉, 자산을 초과하는 대출금 5천만원은 원장이 개인적으로 인출해서 가사용으로 사용했다고 본다는 것이다. 그렇기 때문에 이 5천만원에 대한 이자비용은 경비로 처리되지 않는 것이다. 그렇기 때문에 만약 대출금이 자산가액보다 많다고 한다면 대출금을 갚는 것이 유리한 것이다.

이렇게 자산가액은 매년 감가상각을 통해 감소하므로 이에 상응하는 대출금은 갚아나가야 하는 것이다. 만약 대출금을 그대로 유지한다 해도 세법에서는 이러한 이자에 대해서는 비용으로 인정하지 않고 있다.

3. 업무와 무관한 자산에 대한 이자

금융권이나 개인으로부터 돈을 빌려 업무와 무관한 자산을 구입한 경우, 이때의 이자는 필요경비로 인정되지 않는다.

예를 들어 원장이 자신의 개인주택을 구입하기 위해 빌린 차입금에 대한 이자를 병의원의 장부에 경비로 기록한 경우, 세무조사 시 그 사실이 드러나면 소득세를 추징당할 수 있다.

Point 31

임대보증금과 임차료
모두 경비처리가 되나요?

병의원으로 사용할 건물을 임차한 경우, 매월 지급하는 임차료는 필요경비로 인정된다.

그러나 보증금의 경우에는 임대차계약만료 시 돌려받을 수 있으므로 경비가 아닌 자산으로서 필요경비로 인정되지 않는다. 다만, 보증금을 마련하기 위해 대출을 받았다고 한다면 이에 대한 이자비용은 당연히 경비처리 받을 수 있다. 그리고 임대차계약만료 전 병의원을 이전하는 경우로서 새로운 세입자를 찾지 못하여 기존 계약에 따라 임대기간 만료 시까지 임대료를 지불해야 하는 때에는 해당 임대료도 경비처리가 가능하다.

Point 32

접대비 지출 항목은 어떤 것이 있고 금액 제한은 없나요?

접대비란 교제비, 사례금, 그 밖에 어떠한 명목이든 상관없이 이와 유사한 성질의 비용으로서 병의원이 업무와 관련하여 지출한 금액을 말한다. 예를 들면 거래처와의 식사비용, 경조사비, 선물 등을 들 수 있다. 세법에서는 이러한 접대비를 모두 경비처리해주지 않고 일정 한도를 주어 접대비의 과다지출을 막고 기업의 재무건전성을 유도하고 있다. 또한 거래상대방의 매출포착을 위하여 신용카드 사용을 유도하고 있다. 먼저 접대비와 유사한 지출인 광고선전비와 기부금과의 차이점을 살펴보자.

● ● **접대비와 기부금 및 광고선전비와의 비교**

구분	업무와 관련	경비인정한도액	실례
접대비	사업과 관련 있는 특정인(거래처)	있음	거래처에 선물 제공
광고선전비	사업과 관련 있는 불특정다수	없음	개업초에 방문 환자들에게 선물 제공
기부금	사업과 관련 없음	있음	수재민돕기성금

위에서 언급했듯이 접대비의 경우는 과다지출로 인한 재무건전성을 위해 신용카드 사용 및 한도를 명시하고 있다. 따라서 아래 표와 같이 1만원을 초과하는 접대비 중 적격증빙을 수취하지 않거나, 접대비한도를 초과하는 접대비는 경비로 인정되지 않는다.

● ● **접대비 필요경비 인정 및 한도**(부동산임대업이 주된 사업일 경우 아래 한도의 50%)

건당 지출 1만원 이하분	증빙에 제한 없음. 따라서 간이영수증을 받아도 됨.	다음 한도액 내의 금액만 필요경비로 인정함. • 한도액 =①+② ① 1천2백만원(중소기업의 경우 1,800만원) × 해당 사업연도 월수/12 ② 수입금액 × 0.2%(수입금액 100억 이하까지는 0.2%임)
건당 지출 1만원 초과분	정규증빙을 받은 경우	
	정규증빙을 받지 않은 경우	가산세를 부과하는 것이 아니라, 아예 필요경비를 인정하지 않음.

* 정규증빙이란 앞서 말한 것처럼 세금계산서 또는 계산서 및 신용카드매출전표, 현금영수증을 말한다.
** 2016년까지 위 한도 ①의 중소기업에 대해서는 1,800만원이 아닌 2,400만원을 적용한다.

병의원의 경우 진료과마다 다소 차이는 있지만, 다른 업종에 비해 접대비가 많이 발생하지 않는다. 그래서인지 사적인 교제로 사용한 금액의 영수증을 병의원의 비용으로 반영, 소득세신고를 하는 경우가 있는 것이 사실이다. 그러나 이는 세무조사 시 적발될 수 있으므로 상식적인 범위 내에서 경비처리하는 것이 바람직하다. 또한 정규증빙을 받을 수 없는 거래처경조사비에 대해서는 20만원까지는 정규증빙을 수취한 것으로 간주하여 접대비 한도를 계산한다. 다만, 병의원 원장의 동창회, 친척 등의 경조사에 지출한 비용은 접대비가 아닌 가사(개인)관련 경비이므로 접대비로 처리해서는 안 된다. 간혹 인공신장실을 운영하는 병의원으로서 환자에게 식사를 제공하는 경우가 있는데, 이는 엄밀히 따지면 특정 거래처에 제공되는 금품으로서 접대비에 해당한다 할 수 있다.

Point 33

여비교통비의 범위와
챙겨야 할 증빙은 어떤 게 있나요?

여비교통비란 업무상 출장을 하는 경우에 발생하는 교통비(항공운임, 택시비, 철도운임 등)·숙박료·식사대 및 기타 부대비용을 말한다. 이러한 여비교통비는 업무수행상 필요하다고 인정되는 실비변상적인(업무출장 시 통상적으로 소요되는 비용정도) 범위에 한해 필요경비로 인정된다. 만일 그 범위를 초과하여 종업원에게 여비교통비를 지급한 경우에는 그 초과분은 여비교통비가 아닌 해당 종업원의 급여로 본다.

여비교통비로 지출한 경비를 인정받으려면, 영수증과 객관적 자료에 의해 그 사실을 입증할 수 있어야 한다. 그러나 여비교통비의 성격상 모든 지출에 대하여 영수증을 받기 어려운 것이 사실이다. 이러한 이유로 사회통념상 부득이 하다고 인정되는 범위 내의 비용과 당해 사업자의 내부통제기능을 감안하여 인정할 수 있는 범위 내의 금액은 객관적인 거래증빙이 없어도 비용으로 인정된다. 그러나 이 경우에도 지출결의서를 작성, 그 용도와 금액 등을 적고 영수자의 서명을 받아야 할 것이다.

보통 유류비나 통행료의 경우 업무와 관련 없는 영수증을 많이 보게 된다. 예를 들어 출퇴근 목적외에는 차량을 업무용으로 사용하지 않는데 유류비가 많거나 평일 진료가 이루어지던 날에 고속도로 통행료 영수증이 수취된 경우 등이 그렇다. 이 경우 세무조사나 소득세사후검증 시 과세관청은 병원과 주소지와의 이동거리에 평균기름값을 곱하여 산정한 금액을 초과하는 유류비나 진료일이나 휴일에 지출된 통행료, 주차비 등은 업무무관경비로 처리하게 된다.

Point 34

해외학회 참가를 위한 교통비 및 체류비용은 경비처리가 되나요?

병의원의 원장이나 종업원의 해외학회에 관련하여 지급하는 여비는 그 해외학회가 당해 사업의 업무 수행 상 통상 필요하다고 인정되는 부분의 금액에 대해서는 경비로 인정된다. 다만, 사업의 업무수행상 필요하다고 인정되지 아니하는 해외여행의 여비와 당해 사업의 업무수행상 필요하다고 인정되는 금액을 초과하는 부분의 금액은 원칙적으로 사업자에 대하여는 출자금의 인출로 하며 종업원에 대하여는 당해 종업원의 급여로 본다. 그러나 병의원 전체직원의 포상휴가나 해외워크샵의 경우는 당연히 경비로 인정되어 복리후생비로 처리하면 된다.

해외학회의 경우 여행의 목적, 여행지, 여행경로, 여행기간 등을 참작하여 사업연관성을 따지므로 해외학회에서 브로셔나 관련 홈페이지의 행사개요 등을 인쇄하여 보관하면 보다 정확한 소명을 할 수 있다.

다음의 경우는 원칙적으로 사업과 관련된 해외여행경비로 인정하지 않는다.

- 관광여행의 허가를 얻어 행하는 여행
- 여행알선사업자 등이 행하는 단체여행에 응모하여 행하는 여행
- 동업자단체·기타 이에 준하는 단체가 주최하여 행하는 단체여행으로서 주로 관광목적이라고 인정되는 것

이러한 해외학회에 사업자 또는 업무관련 종업원 이외의 자가 동반되는 경우에는 이는 필요경비로 인정되지 않는다. 다만, 다음의 경우와 같이 해외학회의 목적을 달성하기 위하여 필요한 동반이라고 인정되는 때에는 경비로 인정된다.

- 사업자 또는 종업원이 상시 보좌를 필요로 하는 신체장애자인 경우
- 국제회의의 참석 등에 배우자를 필수적으로 동반하도록 하는 경우
- 그 여행의 목적을 수행하기 위하여 외국어에 능숙한 자 또는 고도의 전문적 지식을 지니는 자를 필요로 하는 경우에 그러한 적임자가 종업원 가운데 없기 때문에 수시로 위촉한 자를 동반하는 경우

간혹 해외학회와 관광이 병행되는 경우가 있는데, 이러한 경우에는 관광관련경비는 경비로 인정하지 않으나 주된 목적이 해외학회이므로 여비교통비(항공료)는 전체를 업무 관련 경비로 인정한다.

Point 35

세금과 공과금도
모두 경비처리가 되나요?

1. 세금

병의원 원장이 업무와 관련해서 부담하는 세금에 대한 필요경비 인정여부는 다음과 같다. 이에 대한 증빙으로는 납부영수증을 보관하면 된다.

(1) 소득세와 지방소득세

소득세와 지방소득세는 경비로서 인정되지 않으며, 사업주가 출자금에서 인출하는 것으로 처리한다.

(2) 부가가치세

병의원은 면세사업자이므로 부가가치세 납부의무가 없으므로 물건이나 용역을 구입하고 부담한 구입액의 10%인 부가가치세는 환급되지 않으며, 해당 거래와 동일한 방법으로 비용처리된다.

예를 들어 의료기기를 구입하며 부담한 10% 부가가치세는 의료기기의 취득원가가되어 감가상각을 통해 비용처리되며, 만일 임차료를 지급하며 부담한 부가가치세는 임차료와 동일한 것으로 간주됨으로 동일하게 비용처리가 되는 것이다. 즉, 해당 거래의 비용처리를 따라가는 것이다.

(3) 취득세

병의원의 업무와 관련하여 건물과 차량 등을 구입했을 때 취득세 부과되며, 이와 함께 농어촌특별세와 지방교육세가 추가로 부과된다. 이러한 세금은 건물과 차량의 취득원가가 되어, 건물과 차량의 감가상각 시 포함되어 필요경비로 처리된다.

(4) 인지세

과세문서 작성 시에는 인지세가 부과될 수 있다. 병의원과 관련해서 작성되는 문서라면 인지세가 필요경비로 인정된다. 인지를 구입하는 것 자체가 인지세를 납부하는 것이므로 별도로 인지구입에 대한 영수증은 구비하지 못하는 경우를 많이 본다. 이 경우에는 인지를 소인한 문서를 복사하여 보관하면 된다.

(5) 면허세

개원 후 지급하는 의사면허에 대한 면허세는 병의원의 업무와 관련된 것으로서, 필요경비로 인정된다.

(6) 자동차세

차량이 업무와 관련한 경우라면 자동차세는 필요경비로 인정된다.

(7) 사업소세

사업장에서 고용하고 있는 종업원이 50인을 초과하는 경우에는 종업원할 사업소세, 사업장의 연면적이 330m²를 초과하는 경우에는 재산할 사업소세가 부과된다. 이는 사업과 관련하여 부담하는 세금이므로 당연히 비용으로 인정된다.

(8) 재산세 · 종합부동산세 · 도시계획세 · 공동시설세

병의원 건물과 부지에 대한 세금이라면 필요경비로 인정된다.

(9) 가산세와 가산금

가산세는 세법상 의무불이행에 대해 가해지는 벌금적 의미를 갖고 있다. 반면, 가산금은 세금을 체납한 것에 대한 연체이자적 성격으로서 고지서의 납부기한까지 납부하지 않은 경우에는 고지세액의 5%를 부과된다. 또한 납부기한이 경과한 날로부터 1개월이 지날 때마다 체납된 세금의 1.2%가 다시 가산금으로 징수되는데, 이를 중가산금이라고 한다.

이러한 가산세와 가산금은 필요경비로 인정되지 않는다.

2. 공과금

공과금이란 공공단체가 공공사업에 필요한 경비를 충당하기 위해 구성원들에게 부과하는 공적인 금전 부담금이라 할 수 있다. 이는 마치 세금처럼 강제적으로 부과되지만, 세금과는 구별되는 개념이다. 이러한 공과금에는 개발분담금, 교통유발분담금 등 다양한 종류가 있다.

업무와 관련해 부담하는 공과금은 비용으로 인정된다. 그러나 업무와 관련되었다 하더라도 다음의 경우에는 필요경비로 인정되지 않는다.

- 법령에 의하여 의무적으로 납부하는 것이 아닌 경우
- 법령에 의한 의무의 불이행 또는 금지·제한 등의 위반에 대한 제재로서 부과되는 경우

3. 단체 회비

대한의사회를 비롯해 각종 협회에 지급한 회비에 대한 비용 인정 여부는 다음과 같이 정리할 수 있다.

(1) 영업자가 조직한 단체로서 법인 또는 주무관청에 등록된 조합·협회인 경우

● 일반회비: 일반회비란 협회 등이 운영비를 충당할 목적으로 회원에게 정기적으로 부과하는 회비를 말하며, 이는 필요경비로 인정된다.

● 특별회비: 부정기적 특별회비는 업무와 관련 없이 기부한 것으로 보아 지정기부금으로 본다. 지정기부금은 일정한도 내에서는 비용으로 인정한다. 자세한 내용은 뒤에서 얘기하기로 한다.

(2) 임의로 조직된 단체인 경우

이는 지정기부금으로서 일정한도 내에서 필요경비로 인정된다.

4. 벌금과 과태료

법령 위반으로 인해 부과되는 벌금, 과료, 과태료, 가산금 등은 업무 중에 발생했더라도 비용으로 인정되지 않는다. 교통사고벌과금, 국민연금 또는 건강보험 등의 납부지연으로 인한 가산금 등이 그 예이다.

Point 36

기부처나 기부금액에
한도가 있나요?

기부금이란 특수관계가 없는 사람에게 무상으로 지출한 비용을 말한다(특수관계자란 친족, 종업원, 출자관계에 있는 법인 등을 말함). 무상지출이라는 점에서는 접대비와 유사하지만, 사업과 관련 없이 지출한다는 점에서 차이가 있다.

원칙적으로 기부금은 사업과 관련 없이 지출하는 것이므로 비용으로 인정되지 않지만 세법에서는 일정 요건을 갖춘 공익성 기부금에 한해 건전한 기부문화를 활성화하기 위하여 일정 한도 내에서 경비로 인정하는 방법(필요경비산입방법)과 세액공제방법의 두 가지 혜택을 두고 있다.

이는 임의로 선택하는 것이 아니라 사업소득(병의원, 부동산임대 등)만 있는 자는 필요경비산입방법을, 사업소득 외 종합소득이 있는 자(근로소득자 등)는 기부금 세액공제방법을 적용한다. 다만, 사업소득과 다른 종합소득이 함께 있는 경우에는 두 가지 방법 모두 적용받을 수 있다.

따라서 병의원소득만 있는 경우는 필요경비산입방법을 적용하여 한도 내에서 지출한 기부금을 경비로 처리하게 된다. 이하에서는 필요경비산입방법에 대해서만 살펴보겠다.

1. 기부금의 종류

필요경비로 인정되는 기부금에는 법정기부금과 지정기부금이 있다. 이 두 가지 외의 기부금을 비지정기부금(향우회, 동창회 등에 지출한 기부금)이라 하며 이는 경비로 인정되지 않는다.

(1) 법정기부금

- 국가 또는 지방자치단체에 기부한 금품
- 국방헌금과 위문금품
- 천재 또는 지변으로 인한 이재민구호금품의 가액
- 사립학교법에 의한 사립학교와 대학병원 등에 시설비·교육비·연구비로 지출하는 기부금
- 사회복지사업 등 전문모금기관에 지출하는 기부금
- 특별재난지역을 복구하기 위하여 자원봉사한 경우 그 용역의 가액
- 정치자금기부금 중 10만원 초과액

(2) 지정기부금

이는 주로 공익법인이나 비영리법인에 기부하는 경우를 말한다. 지정기부금 단체 중 대표적인 단체는 다음과 같다.

- 사회복지법인
- 유치원, 초·중·고등학교, 기능대학, 전공대학, 서울대학교 병원 및 국립 대학병원
- 정부로부터 인허가를 받은 문화·예술단체 또는 환경보호운동단체
- 종교의 보급 기타 교화목적으로 설립된 비영리법인
- 의료법에 따른 의료법인

2. 기부금 경비처리 한도

사업자가 기부금을 지출한 경우 법정기부금, 지정기부금 중 한도초과액은
필요경비로 인정되지 않는다. 이 경우 기본공제대상자인 배우자 및 부양가족
에 해당하는 사람이 지급한 기부금은 해당 사업자의 기부금에 포함한다. 기부
금의 경비인정한도는 다음과 같다. 여기서 소득금액이란 기부금을 경비처리
하기 전의 소득금액에서 이월결손금이 있는 경우 차감한 금액을 말한다. 이렇
게 한도를 초과한 기부금에 대해서는 이후 5년간 이월하여 한도 미달액의 범
위 내에서 경비처리할 수 있다.

구분		한도	이월 산입기간
법정기부금		소득금액의 100%	5년
지정기부금	종교단체 기부금이 없는 경우	(소득금액 - 법정기부금인정액) × 30%	5년
	종교단체 기부금이 있는 경우	(소득금액 - 법정기부금인정액) × 10% + MIN(①, ②) ① (소득금액 - 법정기부금인정액) × 20% ② 종교단체 외에 지급한 지정기부금	

Point 37

차량관련 지출은
경비처리가 되나요?

차량유지비란 업무와 관련하여 병의원이 보유하고 있는 차량 보험료, 주유비, 차량수리비, 차량검사비용 등을 말한다. 차량 구입비와 차량유지비에 대한 필요경비 인정여부는 그 차량과 지출비용이 병의원의 업무와 관련되었는지에 따라 좌우된다. 그러나 업무용 사용여부에 대한 확인이 어렵고 일부만 업무에 사용한 경우 과세기준이 없어 현실적으로 차량관련 비용이 제한없이 인정되는 문제점이 노출되면서 2016년부터 업무용승용차의 관련비용에 대한 경비불인정 제도가 도입되었다.

1. 적용시기

2015년 귀속 성실신고확인대상사업자(의료업의 경우 수입금액이 5억원 이상인 경우)에 대하여 2016년부터 적용하고, 그 외의 복식부기의무자는 2017년부터 적용한다.

2. 업무용승용차의 범위

업무용승용차란 개별소비세법 제1조 제2항 제3호에 해당하는 승용자동차로써 다음에 해당하는 자동차를 말한다. 다만, 운수업, 자동차판매업 등에서 사업에 직접 사용하는 승용자동차는 제외한다.

- 배기량이 2,000cc를 초과하는 승용자동차와 캠핑용자동차
- 배기량이 2,000cc 이하인 승용자동차(배기량이 1,000cc 이하인 경차 제외)와 이륜자동차
- 전기승용자동차
☞ 승용차가 아닌 9인승 이상의 버스, 승합차, 트럭 및 경차는 제외

3. 업무용승용차 관련비용의 범위

업무용승용차에 대한 감가상각비, 임차료, 유류비, 보험료, 수선비, 자동차세, 통행료 및 금융리스부채에 대한 이자비용 등 업무용승용차의 취득유지를 위하여 지출한 비용을 말한다.

4. 운행기록부 작성과 경비인정 범위제한

업무용승용차 관련비용 중 업무사용금액에 해당하지 않는 비용은 필요경비로 인정되지 않는다. 업무사용비율을 적용받으려는 개인사업자는 업무용승용차별로 운행기록 등을 작성·비치하여야 하며, 납세지 관할 세무서장이 요구할 경우 이를 즉시 제출하여야 한다.

(1) 운행기록부를 작성한 경우

운행기록부를 작성한 경우의 비용으로 인정되는 업무사용금액은 아래와 같다.

> 업무사용금액 = 업무용승용차관련비용 × 업무사용비율
> 업무사용비율 = 과세기간 업무용 사용거리 / 과세기간 총 주행거리

위 업무사용비율의 주행거리는 2016.4.1.부터 운행기록부에 의하여 확인하여 적용한다. 이렇게 운행기록부를 작성한 경우에는 업무사용금액에 대해서는 전액 경비로 인정받을 수 있다.

(2) 운행기록부를 작성하지 않은 경우

운행기록부를 작성·비치하지 않은 경우 해당 업무용승용차의 업무사용비용은 다음과 같다.

구분	비용인정금액
해당 과세기간 업무용승용차관련비용(감가상각비 800만원 한도 포함)이 1,000만원 이하인 경우	100%
해당 과세기간 업무용승용차관련비용(감가상각비 800만원 한도 포함)이 1,000만원 초과인 경우	1,000만원

5. 업무용승용차에 대한 감가상각방법

2016.1.1.(성실신고확인대상자가 아닌 개인 복식부기의무자는 2017.1.1.)이후 구입한 업무용승용차는 정액법을 상각방법으로 하고 내용연수를 5년으로 하여 계산한 금액을 감가상각비로 계상하여야 한다. 이전에는 그 계상여부를 한도액 내에서 납세자가 결정할 수 있었으나 앞으로는 위에 정해진 방법에 의한 금액을 의무적으로 계상하여야 한다. 다만, 위 기간 이전에 구입하여 사용하던 업무용승용차에 대해서는 기존에 신고하였던 내용연수와 상각방법에 따라 임의 상각하되, 위 기간 이후부터는 연 800만원 한도 내에서 감가상각비를 필요경비로 인정한다.

6. 감가상각비의 한도초과액의 경비 불인정

업무용승용차 관련비용의 업무사용 금액 중 업무사용 감가상각비가 해당

사업연도에 각각 800만원을 초과하는 경우 그 초과하는 금액은 해당사업연도의 경비로 인정하지 않고 다음 과세기간으로 이월하여 필요경비로 인정된다.

> 감가상각비 한도초과액= 업무사용감가상각비-800만원
> *업무사용감가상각비=감가상각비×운행기록상 업무사용비율

리스차량과 렌트차량의 경우는 다음의 금액을 감가상각비로 본다.

리스차량	리스료-[보험료+자동차세+(수선유지비 or 리스료×7%)]
렌트차량	렌트료×70%

7. 감가상각비의 이월액 공제방법

해당 과세기간의 감가상각비와 리스료 등의 필요경비 인정금액을 800만원으로 제한함으로 인하여 800만원을 초과한 감가상각비와 리스료 등은 다음 과세기간에 이월하여 필요경비로 인정된다. 그 방법은 아래와 같다.

❶ 감가상각비 이월액

해당 과세기간의 다음 과세기간부터 감가상각비가 800만원에 미달하는 경우 그 미달하는 금액을 한도로 하여 필요경비로 인정한다.

❷ 임차한(리스, 렌트 등) 경우 이월액

해당 과세기간의 다음 과세기간부터 해당 임차료가 800만원에 미달하는 경우 그 미달하는 금액을 한도로 필요경비에 산입한다. 다만, 해당 업무용승용차의 임차기간이 과세기간 중에 만료 또는 해지된 경우에는 해당 과세기간의 다음 과세기간부터 800만원을 균등하게 필요경비에 산입하되, 이월된 금액 중 필요경비로 산입하지 아니한 잔액이 800만원 미만인 과세기간 또는 임차를 종료한 날로부터 10년이 경과한 날이 속하는 과세기간에는 해당 잔액을 필요경비에 산입한다.

업무용승용차 관련비용 계산 사례

1. 2017.1.1. 업무관련하여 자동차 구입액: 8,000만원
2. 유류비 및 자동차세 등 관련비용: 900만원
3. 업무일지상 업무사용비율: 80%

이 경우 업무사용금액을 계산하면 다음과 같다.

① 먼저 전체 업무용승용차비용에 대해 업무사용비율을 적용하여 비용불인정 금액을 구한다.

구분	업무용차량 관련비용	업무사용비율	업무사용금액
감가상각비	8,000만원÷5년=16,000,000원	80%	12,800,000원
유류비 등	9,000,000원	80%	7,200,000원
합 계	25,000,000원		20,000,000원

따라서 25,000,000원-20,000,000=5,000,000원이 비용으로 인정되지 못한다.

② 다음으로 감가상각이 제대로 이루어졌는지 검토한다.

업무사용감가상각비	감가상각비한도	감가상각비 한도초과
12,800,000원	8,000,000원	4,800,000원

그러므로 감가상각비 중 4,800,000원에 대해서는 비용으로 인정되지 않으며 이월하여 공제가능한 해에 비용으로 인정된다.

③ 업무용차량 관련비용 중 비용으로 인정받을 수 있는 금액은 다음과 같다.

업무용승용차 관련비용　　　　　　25,000,000원
 - 업무무관사용금액　　　　　　　 5,000,000원
 - 감가상각비한도초과금액　　　　 4,800,000원
= 비용인정금액　　　　　　　　　15,200,000원

8. 업무용승용차의 처분 시 세무사항

　기존에는 개인사업자의 설비자산이나 기계장치 및 차량을 매각하는 경우 그에 따른 처분이익이나 손실을 세법상 계상하지 않았지만 앞으로는 차량에 한하여 그 매각 시 처분이익이나 처분손실을 계상해야 한다. 다만, 처분손실의 경우 업무용승용차별로 800만원을 넘는 금액은 해당 과세기간의 필요경비로 인정되지 않으며 다음 과세기간부터 800만원을 균등하게 필요경비에 산입하되, 이월된 금액 중 필요경비로 산입하지 아니한 잔액이 800만원 미만인 과세기간 또는 해당 업무용승용차를 처분한 날로부터 10년이 경과한 날이 속하는 과세기간에는 해당 잔액을 모두 필요경비에 산입하는 방법을 말한다.

처분이익 사례

1. 2014.1.1. 업무용차량구입액: 8,000만원
2. 2017.9.1. 차량매각금액: 4,000만원
3. 차량매각시 장부가액: 2,000만원
4. 성실신고확인대상자임

이 경우 과세되는 처분이익은 다음과 같다.

매각금액	장부가액	처분이익
4,000만원	2,000만원	2,000만원

따라서 처분이익 2천만원을 세법상 수입금액으로 계상하여야 하며 그에 따른 세부담이 발생한다.

처분손실 사례

1. 2014.1.1. 업무용차량구입액: 8,000만원
2. 2017.9.1. 차량매각금액: 6,000만원
3. 차량매각시 장부가액: 5,000만원
4. 성실신고확인대상자임

이 경우 과세되는 처분이익은 다음과 같다.

매각금액	장부가액	처분손실
6,000만원	4,000만원	1,000만원

그러나 처분손실에 대해서는 연 800만원까지 경비로 인정받을 수 있으므로 2017년에 경비로 인정받을 수 있는 처분손실은 800만원이다. 나머지 200만원에 대해서는 다음 연도로 이월하여 비용으로 인정된다.

처분손실	연간한도	경비인정금액	이월액
1,000만원	800만원	800만원	200만원

처분이익은 발생한 해에 전액을 계상하고 처분손실은 이월시키고 있어 과세형평에 맞지 않는 측면이 있으나 현행법은 이렇게 규정하고 있다.

사업자로부터 차량을 구입할 때에는 세금계산서를 받아야 하며, 그렇게 하지 않았을 경우에는 증빙불비가산세를 부담해야 한다. 다만, 사업자번호 대신 주민등록번호로 발급받는 경우에는 세무대리인이 전자세금계산서 확인이 어려우므로 반드시 출력하여 전달하여야 한다. 사업자가 아닌 개인으로부터 중고차량을 구입했다면 매매계약서와 송금영수증을 보관하면 된다.

리스의 경비처리 방법은
어떻게 되나요?

병의원의 경우 고가의 의료장비를 필요로 하는 경우가 많아서 다른 업종에 비하여 리스 형태를 많이 이용하고 있는 것이 사실이다. 또한 업무용 차량에 대한 리스도 많이 운용하고 있다. 이러한 리스는 금융리스와 운용리스로 구분되는데, 이에 대한 자세한 사항은 "Point 16"에서 자세히 살펴보았다.

Point 39

지급수수료에는
어떤 것이 포함되나요?

지급수수료란 상대방으로부터 일정한 용역을 제공받고 지급하는 수수료로서 신용카드사의 수수료, 세무사수수료, 청소용역비, 경비용역비, 전산유지보수료, 적출물처리용역비, 임상검사용역비, 각종 검사비용 등이 있다. 이는 업무와 관련한 지출로서 당연히 필요경비로 처리된다.

사업자로부터 과세가 되는 용역을 제공받고 지급한 세무사수수료, 청소용역비, 보안경비용역비, 전산유지보수비 등에 대해서는 세금계산서나 신용카드매출전표를 받아야 한다. 기타증빙을 받은 경우에도 경비로는 인정되지만, 건당 3만원 초과의 거래에 대해서는 증빙불비가산세가 부과된다.

반면, 사업자로부터 면세가 되는 용역을 제공받고 지급한 소독용역비, 적출물처리용역비, 정화조청소용역비, 임상검사용역비와 마취·방사선용역비 등 의료업에 속하는 검사용역비의 경우에는 계산서를 받으면 된다. 그러나 마취과 의사와 같이 거래한 상대방이 사업자등록이 안 되어 있어 계산서를 발행할 수 없는 경우에는 지급액의 3.3%(주민세 포함)를 원천징수하여 세무서에 신고·납부해야 한다.

Point 40

환자에게 지급한 손해배상금은
경비처리가 되나요?

병의원 진료와 업무 등을 하면서 주의책임을 다했음에도 불구하고 사고가 발생했을 때 지출해야 하는 손해배상금 등은 필요경비에 포함된다. 그러나 고의적 또는 중대한 과실에 의한 사고라면 그에 대한 손해배상금은 필요경비로 인정되지 않는다. 만약 보험에 가입하여 손해배상금 중 일부를 보험회사에서 지급하는 경우, 원장이 보험금에 추가하여 지급한 금액만 필요경비로 인정된다.

비용으로 계산하는 시기는 사고가 발생한 연도가 아닌, 배상 사실이 확정된 날이 속한 연도가 된다. 소송까지 갔을 경우, 법원의 판결이 확정된 날의 연도가 되는 것이다.

손해배상금을 경비로 인정받을 수 있는 증빙서류로는 합의서와 지급영수증, 진료차트 등이 된다.

Point 41

종신보험이나 연금보험도 경비처리가 되나요?

사업과 관련된 보험료의 경우에는 보험기간에 걸쳐 필요경비로 인정된다. 보험료를 선납으로 납부한 경우에는 이를 보험기간으로 안분하여 처리해야 한다. 예를 들어 화재보험 1년치 보험료를 7월에 지급했다면 보험료의 6/12의 금액은 당해 연도의 비용이고, 6/12은 다음 해의 비용이 되는 것이다. 증빙서류로는 납부영수증을 보관하면 된다. 사업과 관련된 보험으로는 다음과 같은 것들이 있다.

- 업무용으로 보유하고 있는 차량에 대한 보험료
- 건물, 의료기기 등의 화재보험료
- 의료사고에 대비한 손해배상책임보험료
- 퇴직연금에 대한 보험료(당해 보험료는 퇴직급여로 비용처리됨)

여기서 주의할 점은 저축성 보험과 소멸성 보험이 섞여 있는 경우에 소멸성 보험만 경비처리를 해야 한다는 것이다. 간혹 화재보험을 가입했다며 납입영수증을 보내오는데 보험료금액이 통상적인 경우보다 지나치게 큰 경우를 보게 된다. 이는 저축성 보험과 소멸성 보험이 혼재되어 있기 때문이다. 따라서 전체 보험료를 경비처리하면 안 되며 저축성 보험료를 제외한 소멸성 보험료만 경비로 처리해야 한다.

또한 원장이나 그 친족을 수익자로 하는 종신이나 연금보험은 병의원과 아무런 관련이 없으므로 필요경비로 인정받을 수 없다. 다만, 연금저축의 경우 일정요건이 충족되면 세액공제를 받을 수 있다.

Point 42

환자에게 받지 못한 진료비는
어떻게 처리하나요?

환자에게 받지 못한 진료비 등을 의료미수금이라고 한다. 이러한 의료미수금은 장래에 걸쳐 회수하게 된다. 이러한 의료미수금 중 일부를 여러 사정으로 인해 받을 수 없게 된 때에 대손금으로 비용처리하게 된다.

의료미수금은 진료당시부터 진료비의 일부를 감면해주어 받지 못하는 경우와는 구별된다. 일부를 감면해주는 경우는 의료서비스를 제공하는 자가 자신의 의사로서 진료비의 일부를 포기하는 것으로서 진료당시부터 총수입금액에서 차감하지만 의료미수금은 장래에 걸쳐 회수할 것이므로 진료당시 총수입금액에 포함된다. 따라서 이러한 의료미수금을 총수입금액에서 제외하면 안된다.

세법은 이러한 대손의 확정여부를 사업자의 임의대로 판단하도록 하지 않고 법에서 대손의 확정여부를 열거하고 있다. 따라서 이러한 사유가 있어야만 해당 의료미수금을 비용으로 처리할 수 있다. 그러나 이러한 사유가 있어 받지 못할 것으로 확정되어 비용으로 처리한 의료미수금이 차후 회수되는 경우에는 회수일이 속한 연도의 총수입금액에 가산해야 한다.

법이 열거하고 있는 대손확정사유는 다음과 같다.

- 어음법상의 소멸시효가 완성된 어음, 수표법상의 소멸시효가 완성된 수표
- 민법상의 소멸시효가 완성된 경우(진료비의 경우 3년임)
- 부도 발생일로부터 6월 이상 경과한 수표 또는 어음상의 채권(다만 채무자의 재산에 대해 저당권을 설정한 경우는 제외)
- 채무자가 파산·강제집행·형의 집행·사업의 폐지로 회수할 수 없는 채권
- 채무자의 사망·실종·행방불명으로 회수할 수 없는 채권
- 세법에 의한 국세결손처분을 받은 채무자에 대한 채권(다만 채무자의 재산에 대하여 저당권을 설정하고 있는 경우는 제외)
- 회수기일을 6개월 이상 경과한 채권 중 회수비용이 그 해의 채권가액을 초과, 회수를 해도 실제적인 이득이 없다고 인정된 20만원 이하의 채권: 병의원의 경우 여기에 해당하는 의료미수금이 대부분일 것으로 생각된다.

Point 43

공동개원 시 세금은
어떻게 계산하나요?

　최근 공동개원을 하는 의사들이 점점 많아지고 있다. 공동개원한 병의원의 소득금액을 계산할 때에는 동업자별로 구분해서 계산하지 않고, 병의원의 전체 소득금액을 계산한 후 지분 또는 손익분배비율에 따라 동업자별로 소득금액을 배분, 이에 대해 각자 소득세를 계산하며 각자 배분된 소득에 대한 세금 납부책임을 진다. 먼저 총 소득세를 계산한 다음에 동업자별로 세금을 배분하는 것이 아니라는 점을 주의해야 한다.

　A의사와 B의사가 동업했을 때, B의사가 자신에게 배분된 소득에 대한 세금을 납부하지 않았다고 해서, A가 대신 납부할 책임은 없다.

　공동개원한 동업자들 간의 소득금액과 세액계산법에 대해 사례를 통해 살펴보도록 한다.

다음과 같은 조건일 때 공동병원은 2017년 소득세액을 얼마나 납부해야 할까?

- 상호: 공동병원
- 동업자: A, B, C
- 지분 또는 손익분배비율: A는 40%, 나머지 동업자는 각각 30%
- 총수입금액: 10억(공동사업장에서 진료로 인하여 발생한 모든 수익)
- 필요경비: 7억(공동사업장에서 발생한 모든 경비)
- 과세연도: 2017년도

총수입과 필요경비를 동업자별로 구분하여 계산하지 않고 일단 병원 전체의 총수입금액에서 필요경비를 차감하여 소득금액을 계산한다. 즉, 총수입금액을 동업자별로 구분하지 않으며, 필요경비 역시 동업자별로 구분하지 않는다.

구분	A의사	B의사	C의사
총수입금액		10억	
필요경비		7억	
소득금액		3억	
소득분배비율	40%	30%	30%
배분된 소득금액	1억 2천만원	9천만원	9천만원
소득공제(계산 편의상 모두 3백만원 가정)	300만원	300만원	300만원
과세표준	117,000,000원	87,000,000원	87,000,000원
세율	9~35%	9~35%	9~35%
산출세액	26,050,000원	15,660,000원	15,660,000원
신고 및 납부 관할세무서	A주소지 세무서	B주소지 세무서	C주소지 세무서

현재 소득세의 세율은 과세표준이 커질수록 세율이 높아지는 초과누진세율을 채택하고 있다. 소득금액을 여러 명으로 분산시키면 과세표준이 작아져, 한 명으로 소득금액이 귀속될 때의 소득세보다 작아지게 된다. 이러한 점을 악용, 실제 동업자가 아님에도 소득금액의 분산을 위해 명의상 동업자를 두는 병의원이 더러 발견되고 있다.

이에 세법에서는 특수관계인이 공동사업자에 포함되어 있는 경우로서 손익분배비율을 거짓으로 정하는 등의 사유가 있는 경우에는 손익분배비율에 따른 소득분배 규정에 불구하고 그 특수관계인의 소득금액은 주된 공동사업자의 소득금액으로 보아 합산하여 과세하며, 그 납부책임도 특수관계인의 손익분배비율에 해당하는 소득금액을 한도로 공동으로 연대하여 책임을 지는 규정을 두고 있다.

여기서 '특수관계인'이란 해당 과세기간 종료일 현재 공동사업자 1인과 국세기본법 시행령 제1조2의 친족관계, 경제적 연관관계 및 경영지배관계에 있는 자로서 생계를 같이하는 자를 말한다. 또한 '손익분배비율을 거짓으로 정하는 등의 사유'란 다음에 해당하는 경우를 말한다.

① 공동사업자가 과세표준확정신고서와 첨부서류에 기재한 사업의 종류, 소득금액 명세, 지분비율, 약정된 손익분배비율 및 공동사업자간의 관계 등이 사실과 현저하게 다른 경우
② 공동사업자의 경영참가, 거래관계, 손익분배비율 및 자산의 등기·등록·부채 등의 재무상태 등을 보아 조세를 회피하기 위해 공동으로 사업을 경영하는 것이 확인되는 경우

예를 들어 위의 사례에서 A와 C가 과세기간 종료일 현재 생계를 같이 하는 친족으로서 실제 C는 공동사업을 영위하지 않고 조세회피 목적으로 명의만 분산시킨 경우라면 C의 소득금액을 A의 소득금액에 합산하여 다음과 같이 세금을 계산하여야 한다. 또한 C의 경우는 본인의 소득금액에 해당하는 금액을 한도로 A에게 부과되는 세금에 대해서 연대납세의무를 지게 된다.

구분	A의사	B의사	C의사
총수입금액		10억	
필요경비		7억	
소득금액		3억	
소득분배비율	40%＋30%(C지분)	30%	
배분된 소득금액	210,000,000	90,000,000원	
소득공제	3,000,000원	3,000,000원	
과세표준	207,000,000원	87,000,000원	
세율	9~38%	9~35%	
산출세액	59,260,000원	15,660,000원	
신고 및 납부 관할세무서	A주소지 세무서	B주소지 세무서	

A의사와 C의사의 경우 합산과세로 인해 합산과세 전보다 늘어난 세액은 59,260,000원에서 41,710,000원(26,050,000원＋15,660,000원)을 차감한 17,550,000원이다.

Point 44

병의원 운영 중 손해를 본 경우
어떻게 처리하나요?

병의원을 하다 보면 수입(총수입금액)보다 지출(필요경비)이 많아 손해를 보는 경우가 있다. 세법은 이를 '결손금'이라 부른다. 그 해에 필요경비로 공제되지 않아 다음 해로 넘어가게 되는 결손금은 '이월결손금'이라고 한다. 즉, 특정 해에 손실이 발생한 경우에는 이익이 나는 해에 필요경비로 공제된다. 사업으로 인한 수익은 총 사업기간에 걸쳐서 계산되기 때문이다.

예를 통해 이해해 보자.

성공병원은 2014년에 개원해서 2017년에 폐업을 했다. 매년 그 손익의 내역은 다음과 같을 때 결손금을 어떻게 처리해야 할까?

(단위: 만원)

구분	2014년	2015년	2016년	2017년	계
총수입	2억	1억	2억 3천	2억 8천	8억 1천
필요경비	1억 7천	1억 6천	1억 9천	2억 1천	7억 3천
소득금액(이익/손해)	3천(이익)	6천(손해)	4천(이익)	7천(이익)	8천(이익)
이월결손금 공제	0	0	-4천	-2천	-6천
공제 후 소득금액	3천	0	0	5천	8천

총 사업기간은 4년간이며, 총 사업기간에 걸쳐 벌어들인 소득금액은 8천만원이다. 그러나 소득세는 1년 단위로 과세되므로, 이 경우 매년 소득세를 계산하다보면 2015년도의 결손금이 비용으로 반영되지 않게 된다.

세법은 이러한 점을 감안, 특정한 해에 결손금이 발생한 경우에는 다음해와 그 이후 연도에서 공제받을 수 있도록 하고 있다. 2015년의 결손금 6천만원은 2016년의 이익에서 먼저 공제(4천만원 – 6천만원)되고, 다시 2017년 이익금에서 추가로 공제(7천만원 – 2천만원)된다.

1. 다른 소득에서 결손금 공제하기

그 해의 사업소득금액 계산 시 결손금이 발생한 경우, 사업소득 외에 종합과세되는 다른 소득이 있는 경우에는 그 금액에서 결손금을 공제한다. 다만, 부동산임대업에서 발생한 결손금은 해당 연도의 다른 소득금액에서 공제하지 않고 다음 연도로 이월시킨다. 즉, 부동산임대업의 소득금액에서만 차감할 수 있다.

2. 다음 해로 넘어간 결손금 처리하기

그 해의 사업소득에서 발생한 결손금이 다른 소득이 없거나 부족하여 공제되지 못하고, 다음 년도로 넘어가는 금액을 '이월결손금'이라고 한다. 이월결손금은 그 다음 해부터 10년간 종합과세되는 소득금액에서 공제된다. 10년이 지난 후까지도 공제되지 못한 결손금은 소멸한다.

3. 결손금의 소급공제

중소기업의 경우에는 직전년도의 사업소득이 있을 때 소급하여 직전년도의 소득에서 결손금을 공제받을 수 있다. 이 경우에는 이미 납부한 직전년도의 소득세가 줄어들게 되는 것이므로, 직전년도의 소득세 일부를 돌려받게 된다.

Point 45

병의원의 소득세는
어떻게 계산하나요?

병의원의 총수입금액(매출액을 말함)에서 이를 얻기 위해 소요된 필요경비(비용을 말함)를 차감한 소득금액(이익을 말함)인 사업소득금액에 대하여 소득세를 부담해야 한다. 또한 이러한 사업소득 외에 종합과세되는 다른 소득금액이 있는 경우, 그것도 합산해 세율을 적용하여 소득세를 계산해야 한다.

● ● **종합소득세 계산과정**

용어	내용
총수입금액	병의원을 운영하여 얻은 진료수입 등을 말한다.
- 필요경비	수입을 얻기 위하여 들어간 비용을 말한다.
= 사업소득금액	병의원을 경영하여 벌어들인 이익을 말한다.
+ 사업소득 외의 다른소득금액	사업소득 외 종합과세되는 다른 소득이 있으면 합산한다.
= 종합소득금액	
- 종합소득공제	부양가족상황 등에 따라서 일정액을 소득공제하여 준다.
= 과세표준	세율을 적용하는 대상금액이다.
× 세율	6~40%
= 산출세액	세율을 적용한 금액이다.
- 세액공제 및 감면	정책목적상 일정액을 세액에서 감면하는 것이 있다.
= 결정세액	
+ 가산세	세법상 의무불이행에 대한 가산세
= 총결정세액	올 한해 부담해야 할 종합소득세를 말한다.
- 기납부세액	신고전 미리 납부한 세금(공단청구분 입금 시 원천징수된 세금 + 중간예납세금 + 기타 원천징수된 세금)
= 차감 납부할 세액*	다음해 5월(또는 6월) 종합소득세 신고 시 납부해야 할 세금

* 이렇게 계산된 소득세의 10%를 지방소득세로 지방자치단체에 추가로 납부해야 한다.

Point 46

병의원 소득에 합산해야 하는 소득에는 어떤 것이 있나요?

해당연도(1월 1일~12월 31일)에 병의원을 운영하며 벌어들인 사업소득 외에 종합과세되는 다른소득이 있으면 이를 합산하여 종합소득금액을 계산하여야 한다. 우리나라는 소득세에 관하여 종합과세제도를 취하고 있다. 개별소득금액에 대하여 세율을 적용한 후 각각의 세금을 합산하여 납부하는 구조가 아니라 모든 소득금액을 합산한 후 세율을 적용하는 것이다. 현행 소득세율은 초과누진세율 구조를 취하고 있어 모든 소득을 합산한 후 세율을 적용하면 합산하기 전보다 높은 누진세율을 적용받게 되어 각각의 개별소득에 세율을 적용하여 합산하는 것보다 세금이 많이 나오게 된다. 이렇게 하는 것이 개인의 부담능력에 따른 공평한 과세라고 할 것이다. 병의원의 소득(사업소득)에 합산하는 다른 소득은 다음과 같다.

1. 사업소득금액

병의원 외에 다른 사업을 운영하고 있다면 그 사업소득금액. 여기에는 부동산임대업도 포함된다. 또한 전문적인 집필이나 계속적이고 반복적인 강연, TV출연 등으로 인한 수입은 사업소득으로 원천징수(3.3%)를 하게 되며 이는 당연히 합산하여 신고하여야 한다. 여기서 유의할 점은 부동산임대업 중 주택임대소득이다. 보통 일반 상가를 소유하고 있는 경우 사업자등록을 하고 부가가치세 신고를 하게 되므로 당연히 과세소득으로 합산이 되는데 주택임대소득의 경우는 관련 법률을 숙지하지 못하거나 월세가 노출되지 않을 것이라 판단하여 합산신고에서 누락되는 경우가 많기 때문이다. 이러한 주택임대소득에 대해서는 point 47에서 살펴 보기로 한다.

2. 근로소득금액

통상적으로 개원하는 첫해에는 개원하기 전 다른 병의원에 봉직의로 근무하는 경우가 일반적이다. 따라서 이러한 근로소득금액(총급여 - 근로소득공제)은 사업소득과 합산하여야 한다.

3. 기타소득금액

기타소득이란 특정한 업을 계속 영위할 목적으로 소득행위를 하는 것이 아니고 일시적·우발적으로 발생하는 소득(강연료, 자문료, 원고게재 등)을 말한다. 보통 이러한 소득은 지급받을 때 상대방이 기타소득금액(총수입금액 - 필요경비)의 22%(지방소득세 포함)를 원천징수하고 지급한다. 일반적인 경우 필요경비는 총수입금액의 80%를 인정한다. 기타소득은 기타소득금액이 연간 300만원 이하이면 종합과세 여부를 본인이 선택할 수 있다. 통상 80%를 필요경비로 인정하므로 총수입기준으로 1,500만원 이하인 경우를 말한다.

4. 이자·배당소득금액

2013년 이후 발생 분부터 종합과세대상 금융소득금액의 합계가 2,000만원을 초과하는 경우 그 이자 및 배당소득금액. 이러한 금융소득에는 필요경비가 인정되지 않는다.

5. 연금소득금액

　공적연금이나 사적연금을 수령하는 경우로서 일정요건을 갖춘 연금소득금액(총연금액 - 연금소득공제)은 종합과세한다. 다만, 공적연금소득만이 있는 자는 다른 종합소득이 없는 경우에는 연말정산으로 과세를 종결한다. 사적연금의 경우 연금소득의 합계액이 연 1,200만원 이하인 경우에는 종합과세 여부를 본인이 선택할 수 있다.

Point 47

주택임대소득도
신고하여야 하나요?

통상 원룸형식의 빌라나 여러 채의 아파트를 보유하며 주택임대사업자로 사업자등록을 하고 주택임대업을 운영하는 경우는 종합부동산세 합산배제 신청이나 사업장현황신고 등을 통해 주택임대업에 대한 보유 현황이나 수입 내역을 세무서에 신고하게 되어 있다. 따라서 이러한 경우에는 보통 종합소 득세 신고 시 합산하여 신고를 하게 된다. 그런데 고가아파트(기준시가 9억 원 초과) 한 채만을 보유하거나 월세 없이 주택 수채를 보유하는 경우에는 주택임대소득이 과세되지 않을 거라고 여겨 종합소득세 신고 시 누락하여 추후에 세금을 내는 경우가 발생하게 된다. 아래의 표는 주택임대업의 과세 내용을 정리한 것이다. 여기서 주의할 사항은 주택수를 판정할 때에는 배우 자를 포함하여 계산한다는 것이다. 과세되는 임대소득금액을 계산할 때에는 당연히 부부 개인별 소득으로 판단한다. 따라서 아래의 표 중 종합소득합산 과세에 해당하게 되면 종합소득세 신고시 누락이 되지 않도록 유념하여야 한다.

주택수	임대소득금액		과세되는 임대소득
	2,000만원 이하	2,000만원 초과	
1주택 (기준시가 9억원 초과)	비과세	종합합산과세	월세만 과세
2주택	비과세	종합합산과세	월세만 과세
3주택	비과세	종합합산과세	월세 + 간주임대료
2019년 이후	분리과세와 종합합산과세 중 선택	종합합산과세	2,000만원 이하 비과세가 2018년까지 연장됨

　주택보유수가 3주택 이상의 경우 전세금(60제곱미터 이하이며 기준시가가 3억원 이하인 주택은 제외)에 대한 간주임대료도 과세가 된다. 다만, 전세보증금의 합계가 3억원을 초과하는 경우에 한한다. 간주임대료 계산방법과 2019년부터 시행될 분리과세 계산방법은 아래와 같다.

간주임대료 = (전세보증금-3억원) × 60% × 1.8% - 임대업에서 발생한 금융수익

분리과세 = [임대수입(1-60%) - 400만원] × 14%

Point 48

소득공제에는
어떤 것이 있나요?

소득세는 개인에게 부과하는 세금이다. 그러한 이유로 개인의 인적사정을 고려하여야 한다. 이러한 취지에서 총수입금액에서 필요경비를 차감한 소득금액에 바로 소득세율을 적용하지 않고 소득금액에서 일정액을 차감하는 소득공제규정을 두고 있다.

예를 들어 A와 B라는 의사가 있다고 가정하자. A는 부양가족 없이 독신으로 살고, B는 배우자와 부모님, 자녀를 부양하고 있다. 두 사람이 각각 5,000만 원의 소득금액을 벌었을 때, 여기에 바로 세율을 적용하여 세액을 계산하는 건 불공평하다고 할 수 있다. B의 가족의 기초생활비를 차감하고 난 후의 소득금액과 A의 소득금액과의 차이가 크기 때문이다. 이때 소득공제 제도를 적용하면 각자 처한 환경에 따라 적절한 세율을 적용받을 수 있다.

소득공제는 소득금액을 줄여주어 세율을 적용하는 과세표준금액을 동 금액만큼 줄여주는 효과가 있다. 이러한 소득공제는 가족 중에서 소득이 많은 자가 공제받는 것이 절세목적 상 유리하다. 이번에는 병의원 원장이 받을 수 있는 소득공제에 대해서 살펴보자.

구분	공제금액	비고
기본공제	1인당 150만원	본인 및 배우자 포함 아래의 부양가족 1인당 • 직계비속: 20세 이하 • 직계존속: 60세 이상 • 형제자매: 20세 이하, 60세 이상
추가공제 (위의 기본공제대상 부양가족이 여기에 추가로 해당 시 추가공제 가능함)	경로자 1인당 100만원	70세 이상인 경우
	장애인 1인당 200만원	장애인인 경우
	한부모 공제 100만원	배우자 없는 자로서 기본공제 대상인 직계비속 또는 입양자가 있는 경우
	부녀자 공제 50만원 (한부모 공제와 중복적용 배제)	종합소득금액이 3,000만원 이하인 배우자 없는 자로서 부양가족 있는 세대주이거나 배우자가 있는 여성인 경우
국민연금보험료 공제	전액	사업주 본인에 대한 국민연금 (건강보험료는 필요경비로 처리한다)

구분	사업소득금액	한도	비고
소기업·소상공인 공제부금 소득공제	4천만원 이하	500만원	노란우산공제라고도 함.
	4천만원 초과 1억원 이하	300만원	
	1억원 초과	200만원	

구분	공제금액	비고
중소기업창업투자조합 출자 등에 대한 소득공제	MIN(①,②) ① 소득공제 대상 출자·투자금액 × 10% ② 해당 과세연도의 종합소득금액 × 50%	① 벤처기업투자신탁의 수익증권에 투자하는 경우 등: 10% ② 거주자가 벤처기업에 투자하는 경우 등: 구간별로 100%~30%

소득세율은
어떻게 적용하나요?

세금을 계산하기 위해 과세표준에 적용하는 세금의 비율을 세율이라고 한다. 현재 우리나라 소득세법은 초과누진세율제도를 취하고 있다. 이는 소득이 적은 사람보다 많은 사람에게 더 높은 세율을 적용하는 것으로서, 사회적 공평성과 간접적인 소득 재분배의 실현을 목적으로 하고 있다. 소득세율은 다음과 같다.

● ● **소득세율**

과세표준	세율
1,200만원 이하	6%
1,200만원 초과~4,600만원 이하	15%
4,600만원 초과~8,800만원 이하	24%
8,800만원 초과~1억 5천만원 이하	35%
1억 5천만원 초과~5억원 이하	38%
5억원 초과	40%

초과누진세율에 대한 실제 적용을 통해 세율을 정확히 이해해보자. 세율을 적용하는 대상금액인 과세표준(수입금액 − 필요경비 − 이월결손금 − 소득공제)이 1억원인 경우 세액을 어떻게 계산해야 할까?

과세표준	세율	세액
1,200만원	6%	72만원
4,600만원-1,200만원=3,400만원	15%	510만원
8,800만원-4,600만원=4,200만원	24%	1,008만원
1억원-8,800만원=1,200만원	35%	420만원
합계 1억원	6~35%	2,010만원

위의 표에서 보듯이 과세표준이 1억원인 경우 그 전체금액에 35%의 세율을 적용하는 것이 아니라, 1,200만원까지는 6%의 세율을 적용하고, 1,200만원 초과~4,600만원까지에 해당하는 3,400만원에는 15%의 세율을 적용하고, 4,600만원을 초과하여 8,800만원까지에 해당하는 4,200만원에는 24%의 세율을 적용하며, 8,800만원을 초과하여 1억원까지는 35%의 세율을 적용하는 것이다. 즉, 각 구간별로 과세표준이 차지하는 금액만큼의 세율을 적용해야 한다.

이렇게 단계별로 세율을 적용하는 이유는, 예를 들어 과세표준이 1,210만원인 경우, 과세표준이 1,200만원이었을 경우에는 6%의 세율이 적용되어 산출세액이 72만원이었는데, 과세표준이 10만원 증가한 1,210만원이 된 경우 전체금액에 15%의 세율이 적용되면 세액이 1,815,000원이 되어 세액이 2배 이상 증가하게 되는 불공평이 발생하기 때문이다. 이러한 문제점을 해소하기 위해서는 1,200만원까지는 6%의 세율을 적용하고, 1,200만원을 초과하는 10만원에 대해서만 15%의 세율을 적용해야 하는 것이다.

가끔 개원의로부터 '비용이 얼마 증가했다. 그에 따른 절세액은 어느 정도인가?' 하는 질문을 받을 때가 있는데, 이는 바로 답해줄 수 있는 문제가 아니다. 왜냐하면 현재 본인의 종합소득금액이 어느 정도인지를 알아야 정확한 절세액을 알 수 있기 때문이다.

예를 들어 위의 과세표준이 1억원인 사례에서 비용이 1천만원 증가한 경우에는 과세표준이 1억에서 1천만원이 줄어 9천만원이 된다. 8,800만원을 초과하는 과세표준은 기존에는 1,200만원이었는데, 비용이 증가한 경우에는 200만원이 되어 1,000만원에 35%의 세율을 적용한 350만원의 세액이 감소하게 된다. 그러나 만약 과세표준이 6,000만원이고 비용이 1,000만원 증가한 경우에는 과세표준이 5,000만원이 되어 줄어든 소득금액 1,000만원에 24%의 세율이 적용되어 240만원의 세액이 감소된다. 즉, 비용이 증가하여 과세표준이 감소하는 구간이 어디냐에 따라 그 줄어드는 세금이 결정되는 것이다.

금융소득종합과세의 경우에는 2,000만원을 초과하는 금융소득에 대해서 종합과세를 하여야 한다. 따라서 2,000만원 이하의 금융소득에 대해서는 15.4%(지방소득세 포함)세율의 원천징수로 과세가 종결된다. 이렇게 2,000만원을 초과하는 경우 실제 얼마나 세부담이 증가하는지 살펴보자. 예를 들어 병의원 소득에 대한 과세표준이 1억원이고 금융소득이 3,000만원이 있는 경우 금융소득 종합과세 전보다 세금이 얼마나 증가하는지 알아보기로 하자.

금융소득(이자소득만 가정) 중 2,000만원을 초과하는 1,000만원에 대하여 병의원 소득과 합산과세된다. 따라서 이미 병의원 소득의 과세표준이 8,800만원을 초과한 상태이므로 1,000만원에 대해서는 전액 38.5%(소득세 35% + 지방소득세 3.5%)의 세율이 적용된다. 따라서 385만원이 된다. 그러나 여기서 한 가지 고려해야 할 부분이 있다. 금융소득은 금융기관으로부터 지급받을 때 이미 지급액의 15.4%(소득세 14% + 지방소득세 1.4%)를 원천징수를 당하므로 이러한 원천징수된 세금은 종합과세 후 나온 세금에서 차감하여야 하는 것이다. 결국 종합과세됨으로 인하여 추가로 내는 세금은 231만원(385만원 - 154만원)이 되는 것이다.

Point 50

병의원 원장도 근로자와 같이 세액공제 혜택을 받을 수 있나요?

근로자와 달리 병의원을 운영하는 원장은 사업소득자는 원칙적으로 의료비나 교육비에 대해 세액공제를 받지 못한다. 다만, 다음의 경우에 해당하는 성실사업자의 경우에는 의료비와 교육비 세액공제를 받을 수 있다.

- 소득세법에 따라 복식부기의 방식으로 장부를 비치·기록하고 소득금액을 계산하여 신고할 것
- 해당 과세기간의 수입금액이 직전 3개 과세기간의 연평균수입금액의 90%를 초과할 것
- 해당 과세기간 개시일 현재 3년 이상 계속하여 사업을 경영할 것
- 국세의 체납사실, 조세범처벌사실, 세금계산서·계산서 등의 발급 및 수령 의무 위반, 소득금액 누락사실 등을 고려하여 정하는 요건에 해당할 것

병원장이 받을 수 있는 세액공제는 다음의 표와 같다.

구분		공제금액	비고
자녀 세액 공제	일반 공제	· 자녀 1명: 연 15만원 · 자녀 2명: 연 30만원 · 자녀 3명 이상: 연 30만원 + (자녀수-2명) × 연 30만원	*6세 이하 자녀 2명 이상 시 2자녀부터 1명당 15만원씩 추가공제
	추가 공제	출산·입양자녀가 첫째인 경우: 연 30만원 출산·입양자녀가 둘째인 경우: 연 50만원 출산·입양자녀가 셋째인 경우: 연 70만원	
연금계좌 세액공제		연금계좌납입액의 12% 다만, 종합소득금액이 4,000만원 이하인 경우는 15%로 한다.	연금저축계좌의 연간 납입한도는 400만원이며 퇴직연금계좌납입액을 포함한 한도는 연 700만원이다.
의료비 세액공제		세액공제대상 의료비의 15%	사업소득금액의 3%를 초과하는 의료비로서 연간 700만원 한도. 단, 본인 및 경로우대자 (만 65세 이상), 장애인의 경우 한도 없음
교육비 세액공제		세액공제대상 교육비의 15%	교육비로서 다음의 금액을 한도로 한다. · 취학전 아동, 초·중·고: 1인당 300만원 · 대학생: 1인당 900만원 · 본인 교육비 및 장애인 특수교육비는 한도 없음
기부금 세액공제		세액공제대상기부금의 15%, 30%	사업소득만 있는 경우 필요경비로만 처리
표준 세액공제		연 7만원	소득세법상 성실사업자 중 의료비, 교육비 세액공제를 신청하지 않은 경우 연 12만원

Point 51

조세특례제한법상
세액공제 · 감면받기

소득에 대해 법이 정한대로 100% 또는 일정비율 만큼의 세금을 면제해주는 것을 '세액감면'이라고 하며, 산출세액에서 일정액을 공제해 주는 것을 '세액공제'라 한다. 조세특례제한법에서는 중소기업, 고용, 투자 등에 대해 세액감면 및 공제를 마련하여 일정요건에 해당하는 경우 납세자의 자발적 신청에 의해 혜택을 부여하고 있다. 그러나 대부분의 병의원에서 이러한 조세지원내용을 알지 못하여 혜택을 받지 못하고 있다. 정당한 조세지원의 혜택을 누리는 것도 돈 버는 지혜 중 하나다. 이하에서 설명하는 세액감면 및 공제 규정은 일반인이 보기에는 상당히 어렵게 규정되어 있다. 또한 어떤 공제는 서로 중복적용을 해서는 안 되며, 수도권지역에는 그 적용을 배제하는 등 적용대상 여부에 상당한 전문가적 지식을 요구한다. 그러므로 아래의 개괄적인 감면내용을 살펴본 뒤 반드시 세무대리인 등 전문가의 자문을 받아야 한다.

1. 중소기업특별세액감면(2017년 12월 31일까지)

중소기업에 해당하는 병의원(의원급의 경우에는 해당 과세연도의 수입금액에서 요양급여비용이 차지하는 비율이 80% 이상으로서 해당 과세연도의 종합소득금액이 1억원 이하인 경우에 한 한다)의 경우 소기업(매출액 10억원 이하)에 해당하는 경우 의료사업에서 발생한 소득에 대한 소득세의 10%를 감면받을 수 있다. 그러나 중소기업(매출액이 10억 초과인 경우)에 해당하는 경우 적용하지 않는다. 다만, 수도권 외의 지역에서 중소기업에 해당하는 의료기관의 경우에는 소득세의 5%를 감면해 준다. 그리고 대부분의 다른 투자세액공제와 중복적용을 배제한다.

구분	수도권 내의 감면율	수도권 외의 감면율
소기업(매출액 10억원 이하)	10%	10%
중소기업(매출액 10억원 초과)	×	5%

- 의료업의 경우 중소기업 해당여부 상시 사용하는 종업원수가 300인 미만이거나 매출액 300억원 이하

- '수도권정비계획법에 의한 수도권'은 서울특별시와 인천광역시 및 경기도 일원의 지역으로서, 과밀억제권역·성장관리권역·자연보전권역으로 구분하고 있다. 그 구체적인 지역은 수도권정비계획법시행령 [별표1]을 참고

2. 중소기업 투자세액공제
(2018년 12월 31까지 새로 취득하여 투자하는 경우에 적용)

의료기관이 사업용 자산(주로 의료기기 등)을 새롭게 취득할 때에는 지불금액의 3%를 의료기기 투자가 완료된 연도의 사업소득세에서 공제한다(중고품 취득은 제외). 그러나 수도권 중 과밀억제권역 지역에 소재하는 병의원의 증설투자에 대해서는 중소기업 투자세액공제를 받을 수 없다. 만약 경영손실로 인해 납부할 소득세가 없다면 중소기업투자세액공제를 받지 못하는 것일까? 이러한 경우 그 다음 연도부터 5년간 이월하여 세액공제를 적용받을 수 있다. 만약, 이러한 투자세액공제를 받고 투자완료일이 속하는 연도 종료일로부터 2년이 경과하기 전에 해당 자산을 처분하게 되면 감면받은 세액과 그 이자

상당액까지 추징한다. 그리고 다른 투자세액공제 및 중소기업특별세액감면과 중복적용을 배제한다.

3. 고용창출 투자세액공제(2017년 12월 31일까지)

고용창출투자세액공제란 정부가 경기조절을 위해 기업의 설비투자를 유도하기 위하여 운용하고 있는 제도다. 사업용자산에 투자하는 경우(중고품 및 대통령령으로 정하는 리스에 의한 투자와 수도권과밀억제권역 내에 투자하는 경우는 제외한다) 투자금액에 기본공제율(중소기업은 3%, 중견기업은 1~2%)과 추가공제율(3~4%, 중소기업과 중견기업은 4~5%. 단, 서비스업은 여기에 + 1%를 추가한다)을 곱한 금액을 사업소득에 대한 소득세에서 세액공제한다. 이러한 세액공제는 고용효과를 유발하기 위하여 해당 과세연도의 상시근로자수가 직전과세연도의 상시근로자수보다 감소하지 아니한 경우에 적용한다. 다만, 중소기업의 경우에는 상시근로자수가 감소한 경우에도 전술한 기본공제율만큼은 세액공제를 해준다. 이 경우 기본공제금액에서 감소한 상시근로자 1명당 1,000만원씩 뺀 금액으로 하며, 해당 금액이 음수(-)인 경우에는 영으로 한다. 중소기업 고용증가인원에 대한 사회보험료 세액공제가 동시에 적용되는 경우에는 하나만을 선택해야 하며 동일한 투자자산에 대한 다른 투자세액공제와 중복적용을 배제한다. 또한 중소기업특별세액감면과도 중복적용을 배제한다.

구분		대기업		중견기업		중소기업	
		수도권	지방	수도권	지방	수도권	지방
기본공제		0	0	1	2	3	3
추가 공제	일반	3	4	4	5	4	5
	서비스	4	5	5	6	5	6
합계	일반	3	4	5	7	7	8
	서비스	4	5	6	8	8	9

4. 산업수요맞춤형 고등학교 등 졸업자 복직 중소기업에 대한 세액공제

중소기업이 산업수요맞춤형 고등학교 등을 졸업한 사람 중 졸업한 날부터 2년 이상 경과하지 아니한 사람을 고용한 경우 다음과 같이 세액공제한다. 그 근로자가 대통령령으로 정하는 병역을 이행한 후 2017년 12월 31일까지 복직된 경우(병역을 이행한 후 1년 이내에 복직된 경우만 해당한다)에는 해당 복직자에게 복직일 이후 2년 이내에 지급한 대통령령으로 정하는 인건비의 10%에 상당하는 금액을 해당 과세연도의 사업소득에 대한 소득세에서 공제한다.

5. 중소기업 고용증가 인원에 대한 사회보험료 세액공제

중소기업이 2018년 12월 31일이 속하는 과세연도까지의 기간 중 해당 과세연도의 상시근로자수가 직전 과세연도의 상시근로자수보다 증가한 경우에는 다음에 따른 금액을 더한 금액을 해당 과세연도의 사업소득에 대한 소득세에서 공제한다. 또한 고용창출세액공제와 중복적용이 되는 경우 하나만 선택하여야 한다.

- 청년 및 경력단절 여성(청년 등) 고용증가 인원에 대하여 사용자가 부담하는 사회보험료 상당액의 100%
- 청년 외 상시근로자 고용증가 인원에 대하여 사용자가 부담하는 사회보험료 상당액의 50%

6. 근로소득을 증대시킨 기업에 대한 세액공제 (2017년 12월 31일까지 적용)

다음의 요건을 모두 충족시키는 경우 직전 3년 평균초과 임금 증가분의 5%(중소기업, 중견기업은 10%)를 세액공제한다.

- 상시근로자의 당해 연도 평균 임금 증가율 > 직전 3년 평균 임금증가율
  (상시근로자수에서 임원, 연간 1억 2천만원 이상의 고액연봉자 제외)
- 당해 연도 상시근로자수 ≧ 직전연도 상시근로자수

7. 연구·인력개발비 세액공제

내국인이 각 과세연도에 연구·인력개발비가 있는 경우에는 다음 (1)과 (2)의 금액을 합한 금액을 해당 과세연도의 소득세(사업소득에 대한 소득세만 해당한다)에서 공제한다. 이 경우 아래(1)은 2018년 12월 31일까지 발생한 해당 연구·인력개발비에 대해서만 적용한다.

(1) 연구·인력개발비 중 대통령령으로 정하는 신성장동력 분야의 연구개발비 또는 원천기술을 얻기 위한 연구개발비에 대해서는 해당 과세연도에 발생한 신성장동력·원천기술연구개발비에 다음의 비율을 곱한 금액을 공제한다.

구분	공제
중소기업	30%
중소기업 외	100분의 20 + (해당 과세연도의 수입금액에서 신성장동력·원천기술 연구개발비가 차지하는 비율 × 대통령령으로 정하는 일정배수)

(2) 위(1)에 해당하지 않거나 위(1)을 선택하지 않은 연구·인력개발비의 경우에는 다음 ①, ② 중에서 선택하는 금액으로 한다. 다만, 해당 과세연도의 개시일부터 소급하여 4년간 일반연구·인력개발비가 발생하지 아니하거나 직전 과세연도에 발생한 일반연구·인력개발비가 해당 과세연도의 개시일부터 소급하여 4년간 발생한 일반연구·인력개발비의 연평균 발생액보다 적은 경우에는 ②에 해당하는 금액을 적용한다.

① (해당 과세연도에 발생한 일반연구·인력개발비–소급발생한 일반연구· 인력개발비) × 40%

　*중소기업의 경우 50%

② 해당 과세연도에 발생한 일반연구·인력개발비에 다음의 구분에 따른 비율을 곱한 금액

　-중소기업: 25%

　-중소기업 유예기간 종료 후 5년 이내 기업: 10%(3년까지는 15%)

　-중견기업이 위에 해당되지 않는 경우: 8%

　-위 모두에 해당하지 않는 일반 기업:

　　1%+(해당 과세연도의 일반연구·인력개발비/수입금액) × 50% (단, 3%를 한도로 한다.)

[별표 1]

과밀억제권역	성장관리권역	자연보전권역
• 서울특별시 • 인천광역시(강화군, 옹진군, 서구 대곡동·불로동·마전동·금곡동·오류동·왕길동·당하동·원당동, 인천경제자유구역 및 남동 국가산업단지는 제외한다) • 의정부시 • 구리시 • 남양주시(호평동, 평내동, 금곡동, 일패동, 이패동, 삼패동, 가운동, 수석동, 지금동 및 도농동만 해당한다) • 하남시 • 고양시 • 수원시 • 성남시 • 안양시 • 부천시 • 광명시 • 과천시 • 의왕시 • 군포시 • 시흥시[반월특수지역(반월특수지역에서 해제된 지역을 포함한다)은 제외한다]	• 동두천시 • 안산시 • 오산시 • 평택시 • 파주시 • 남양주시(와부읍, 진접읍, 별내면, 퇴계원면, 진건읍 및 오남읍만 해당한다) • 용인시(신갈동, 하갈동, 영덕동, 구갈동, 상갈동, 보라동, 지곡동, 공세동, 고매동, 농서동, 서천동, 언남동, 청덕동, 마북동, 동백동, 중동, 상하동, 보정동, 풍덕천동, 신봉동, 죽전동, 동천동, 고기동, 상현동, 성복동, 남사면, 이동면 및 원삼면 목신리·죽릉리·학일리·독성리·고당리·문촌리만 해당한다) • 연천군 • 포천시 • 양주시 • 김포시 • 화성시 • 안성시(가사동, 가현동, 명륜동, 숭인동, 봉남동, 구포동, 동본동, 영동, 봉산동, 성남동, 창전동, 낙원동, 옥천동, 현수동, 발화동, 옥산동, 석정동, 서인동, 인지동, 아양동, 신흥동, 도기동, 계동, 중리동, 사곡동, 금석동, 당왕동, 신모산동, 신소현동, 신건지동, 금산동, 연지동, 대천동, 대덕면, 미양면, 공도읍, 원곡면, 보개면, 금광면, 서운면, 양성면, 고삼면, 죽산면 두교리·당목리·칠장리 및 삼죽면 마전리·미장리·진촌리·기솔리·내강리만 해당한다) • 인천광역시 중 강화군, 옹진군, 서구 대곡동·불로동·마전동·금곡동·오류동·왕길동·당하동·원당동, 인천경제자유구역, 남동 국가산업단지 • 시흥시 중 반월특수지역(반월특수지역에서 해제된 지역을 포함한다)	• 이천시 • 남양주시(화도읍, 수동면 및 조안면만 해당한다) • 용인시(김량장동, 남동, 역북동, 삼가동, 유방동, 고림동, 마평동, 운학동, 호동, 해곡동, 포곡읍, 모현면, 백암면, 양지면 및 원삼면 가재월리·사암리·미평리·좌항리·맹리·두창리만 해당한다) • 가평군 • 양평군 • 여주군 • 광주시 • 안성시(일죽면, 죽산면 죽산리·용설리·장계리·매산리·장릉리·장원리·두현리 및 삼죽면 용월리·덕산리·율곡리·내장리·배태리만 해당한다)

가산세

세법이 말하는 의무를 이행하지 않았을 때 벌금의 의미로 가산세가 부과된다. 납세자는 자신이 세법상의 의무를 이행하지 않은 사실이 있을 때에는 자진해서 신고해야 할 의무가 있다. 병의원(복식부기의무자)에 적용되는 가산세의 종류와 가산세액은 아래의 표와 같다.

구분	가산세액
무신고가산세	• 부정무신고: MAX(부정무신고납부세액×40%, 수입금액×14/10,000) • 일반무신고: MAX(무신고납부세액×20%, 수입금액×7/10,000)
과소신고가산세	• 부정과소신고: MAX(부정과소납부세액×40%, 부정과소신고수입금액×14/10,000) • 일반과소신고: 일반과소납부세액×10%
무기장가산세	무기장·미달기장 산출세액×20%
납부불성실가산세	미납납부세액×기간×3/10,000
지급명세서제출 불성실가산세	미제출·불명분 지급금액×2%
계산서 불성실가산세	미발급·미제출분: 공급가액×1% 가공수수·허위수수분: 공급가액×2%

구분	가산세액
적격증빙불성실 가산세	미제출·불명분 금액×2%
영수증수취명세서 제출 불성실 가산세	미제출·불명분 금액×2%
사업장현황신고 불성실가산세	무신고·미달신고 수입금액×0.5%
공동사업자등록 불성실가산세	미등록·허위등록: 각 과세기간 총수입금액×0.5% 무신고·허위신고: 각 과세기간 총수입금액×0.1%
사업용계좌 불성실 가산세	MIN (미사용금액×0.2%, 미신고기간의 수입금액×0.2%)
신용카드불성실가산세	건별 거부금액·불명분 금액×5%
현금영수증불성실가산세	• 미가입기간의 수입금액×1% • 건별 미발급·불명분 금액×5%
성실신고확인서 미제출가산세	성실미확인 사업소득에 대한 산출세액×5%
원천징수납부불성실 가산세	미납·미달납부세액×(3%~10%)

세무스케줄

병의원을 운영하면서 세무서에 신고할 내용이 많은데 이를 날짜 순서로 정리해보면 다음의 표와 같다. 대부분 세무사 사무실에 의뢰를 하기 때문에 문제가 되는 경우는 발생하지 않겠지만 1년 동안 해야 할 신고사항이 어떤 것이 있는지 알고 있다면 자금운용이나 서류준비에 보다 철저히 대비할 수 있을 것이다.

신고기한	신고 명칭
1월 25일	부가가치세 확정신고·납부
2월 10일	면세사업자 사업장 현황신고
3월 10일	연말정산 신고·납부
4월 25일	부가가치세 예정고지 또는 신고·납부
5월 31일	종합소득세 확정신고 납부
6월 30일	종합소득세 확정신고 납부(성실신고확인대상자)
7월 25일	부가가치세 확정신고 납부
10월 25일	부가가치세 예정고지 또는 신고·납부
11월 30일	종합소득세 중간예납
매달 10일	근로소득원천징수 신고·납부

피부과나 성형외과 등 부가가치세 과세사업자에 해당하게 되면 매 6개월마다 부가가치세 신고를 하게 되므로 사업장현황신고를 할 필요가 없다.

참고로 종합소득세(확정신고, 중간예납)는 납부할 세액이 1천만원을 초과하는 경우에는 아래의 금액을 납부기한이 지난 후 2개월 이내에 분납할 수 있다.

납부세액	분납세액
1천만원 초과 2천만원 이하인 경우	1천만원을 초과하는 금액
2천만원 초과하는 경우	해당 세액의 50% 이하의 금액

Point 54

성실신고확인제도란 무엇인가요?

'성실신고확인제도'란 수입금액이 일정규모 이상인 사업자에 대해서 세무사 등(세무법인, 회계법인)에게 장부의 기장내용의 정확성 여부를 확인받아 종합소득과세표준 확정신고를 하는 제도를 말한다. 이 제도는 2011년부터 적용되고 있으며 2014년부터는 대상기준의 수입금액 규모를 축소하여 성실신고확인대상자를 더 확대하였다. 이렇게 성실신고확인대상자가 되면 부실확인 시 세무사 등이 징계를 받게 됨에 따라 이전보다 면밀히 장부를 살펴보게 되므로 사실상 세부담이 증가하는 경우가 많다. 이하에서는 성실신고확인제도의 주요내용을 살펴보자.

1. 성실신고확인대상 사업자

업종	당해 연도 수입금액
광업, 도소매업, 농림어업, 부동산매매업	20억원 이상
제조업, 음식숙박업, 전기가스수도업, 하수폐기물처리업 등	10억원 이상
부동산임대업, 과학 및 기술서비스업, 보건업, 서비스업	5억원 이상

2. 확인대상

확인대상은 주로 수입금액과 필요경비의 적정성이라 할 수 있다. 실제로 수입금액의 경우에는 사업자가 제시하는 수입금액이 적정한지 여부를 세무사가 조사할 수는 없으므로 객관적으로 누락되어 있는 사항(예를 들어 자동노출되는 보험수입, 카드수입, 현금영수증 수입 등)만을 검토할 수 있을 것으로 생각된다. 그러나 필요경비의 경우에는 비용항목별로 정규증빙을 수취하지 않은 것과 증빙 자체가 없는 것들을 성실신고 확인서식에 구체적으로 표기하도록 하고 있으며 직접 업무 관련 여부를 판단하도록 하고 있다. 필요경비를 증빙 없이 과다 계상하는 경우 또는 증빙이 있다 하더라도 명백히 업무와 무관한 지출의 경우에는 사업자가 요구하는 대로 세무사 등이 허위 내용으로 성실신고 확인을 할 경우에는 세무사 등을 처벌하도록 하고 있다. 결국 이 제도는 수입금액보다는 필요경비 측면에서의 세무사 확인에 그 실효성이 있다고 볼 수 있다.

3. 확인서 제출 시 사업자 지원내용

- 성실신고 세액공제: 확인비용의 60%(100만원 한도)
- 의료비, 교육비 세액공제
- 종합소득세 신고기한 연장: 매년 6월 30일까지

4. 확인서 미제출 시 규제

- 가산세 5% 부과: 확인받지 않은 소득에 대한 산출세액의 5%
- 세무조사 대상선정: 정기 선정에 의한 세무조사 외에 세무조사를 실시할 수 있다.

5. 세무대리인에 대한 규제

신고내용을 부실하게 확인하거나 납세자와 공모하여 허위로 확인한 사실이 확인되면 해당 세무대리인에게 직무정지나 과태료 등의 징계 처분을 내린다.

3

세무조사와
그 대응방안

개 원 의 를 위 한
병 의 원 세 무
길 라 잡 이

Point 55

세무조사란
무엇인가요?

세금이 있는 한 탈세는 국가마다 정도의 차이는 있을지언정 계속 존재하고 있다. 이러한 탈세행위에 대해 아무런 검증을 하지 않는다면 형평성에 위배가 될 뿐만이 아니라, 정상적으로 세금을 납부하는 납세자들에게도 탈세의 유혹을 제공하게 된다. 이에 과세관청은 일정 사업자에 대해 세무조사를 통해 탈세 여부를 검증하여야 한다.

현재 국세청에서는 고소득 자영업자에 대한 세무조사를 강화하고 있으며, 이러한 정책방향은 지속적으로 이루어질 것으로 예상된다. 이론상 탈세를 방지하기 위해서는 세무조사 대상수를 늘리거나 세무조사 대상수는 줄이되 탈세 적발 시 그 처벌을 강화하는 방법이 있다. 최근 과세당국의 세무행정은 후자의 방법을 택하고 있으며, 이를 보완하기 위하여 정식 세무조사가 아닌 납세자의 신고내용분석을 통한 성실신고에 대한 사전안내와 사후검증을 강화하여 신고 이후 혐의사항을 적시하여 납세자 스스로 자기시정할 수 있도록 하는 수정신고안내 등을 강화하고 있다. 병의원을 개설한 원장들의 경우 최근 이러한 안내문을 받아 본 경우가 상당히 있을 것으로 사료된다.

구체적으로 세무조사란 조사공무원이 납세자 또는 당해 납세자와 거래가 있다고 인정되는 자 등을 상대로 질문을 하거나 장부, 서류 기타 물건을 검사, 조사 또는 확인하는 행위로서 납세자의 자율적인 성실신고를 유도하는데 그 의의가 있다고 할 것이다.

세무조사 결과 세금을 적게 신고한 사실이 확인되면, 탈루세액의 추징과 세법상의 의무불이행에 대한 가산세가 고지된다. 이 경우 가산세를 포함한 세금만 납부하면 되며, 처분에 이의가 있을 경우에는 조세불복 등의 절차를 밟아 상급기관의 심판을 요구할 수 있다.

Point 56

세무조사는
어떤 사업자가 받나요?

병의원을 운영하는 대부분의 의사는 세무조사에 대한 두려움을 항상 가지고 있다. 고소득자영업자에 대한 세무조사가 언론에 빈번하게 노출되며 주변 선후배의 조사과정을 들으며 더욱 민감해지는 것이다. 그러나 단순히 의료업을 영위한다고 수시로 조사대상자로 선정되는 것은 아니며, 과세관청의 일정한 요건에 해당이 되는 경우 조사를 받게 되는 것이다. 이하에서는 과세관청의 선정요건에 대해 살펴보도록 한다.

1. 정기선정에 따른 조사

세무공무원은 다음의 어느 하나에 해당하는 경우에 정기적으로 신고의 적정성을 검증하기 위하여 대상을 선정(이하 "정기선정"이라 한다)하여 세무조사를 할 수 있다. 이 경우 세무공무원은 객관적 기준에 따라 공정하게 그 대상을 선정하여야 한다.

- 신고내용에 대한 정기적인 성실도 분석결과 불성실혐의가 있다고 인정하는 경우
- 최근 4과세기간(또는 4사업연도) 이상 동일세목의 세무조사를 받지 아니한 납세자에 대하여 업종, 규모 등을 고려하여 신고내용이 적정한지를 검증할 필요가 있는 경우
- 무작위추출방식에 의하여 표본조사를 하려는 경우

2. 수시선정에 따른 조사

아래의 사유가 있는 경우에는 세무조사를 실시할 수 있다.
- 세법이 정하는 신고 등 납세협력의무를 이행하지 아니한 경우
- 무자료거래, 위장·가공거래 등 거래내용이 사실과 다른 혐의가 있는 경우
- 납세자에 대한 구체적인 탈세제보가 있는 경우
- 신고내용에 탈루나 오류의 혐의를 인정할만한 명백한 자료가 있는 경우

Point 57

세무조사 대상 선정 시
주요 분석항목은?

세무조사 대상 선정 시 신고내용의 성실도를 분석하여 불성실하다고 판단되는 경우 조세대상으로 선정된다. 병의원의 경우에 해당하는 구체적인 기준들에 대하여 알아보기로 한다. 아래에 나열하는 여러 가지 구체적인 기준이 복합적으로 작용하여 불성실 하다고 판단되면 조사대상자로 선정된다.

1. 세무조사 대상 선정 시 주요 분석항목

(1) 성실신고 추정사업자의 평균신고소득률과 대조비교

소득률이란 사업소득금액(순이익)이 총수입금액에서 차지하는 비율을 말한다. 예를 들어 진료수입으로 10억원, 그에 대응하는 인건비, 임차료, 의약품비 등이 총비용이 8억원일 경우 소득금액은 2억원으로 소득률은 20%에 해당한다. 만약 동종업종의 평균소득률이 30%인 경우 과소신고혐의에 해당할 수 있는 것이다. 또한 소득률을 여러 해에 걸쳐 신고하므로 그 변동사항을 분석하여 신고성실도를 평가할 수 있다. 이러한 점에 착안하여 국세청은 동종업종의 병의원들의 평균신고소득률과 비교하여 소득률을 낮게 신고한 병의원을 조사대상으로 검토하게 되는 것이다. 이는 조사대상 선정기준에서 중요한 작용을 하고 있다. 따라서 세무조사에 선정되지 않기 위해서는 다른 동업자의 평균적인 소득율과 맞추어 신고하여야 하며, 일정연도별 소득율의 변동이 지나치게 높거나 낮으면 안 될 것으로 사료된다.

(2) 다른 동업자와의 여러 가지 평균적인 비율과 비교하여 성실도 분석

- 동일업종 병의원들의 종사직원당 평균수입금액 또는 입지나 면적에 따른 평균수입금액과 신고수입금액과의 비교를 통해 수입금액 신고의 적정성 여부 검토
- 동일업종의 전년대비 수입금액 평균신장률과 당해 사업장의 수입금액 신장률을 대비하여 수입금액 신고의 적정성 여부 검토
- 동일업종의 평균적인 비보험수입비율과 당해 사업장의 비보험수입비율을 비교하여 수입금액의 적정성 여부 검토
- 동일업종의 평균적인 신용카드매출비율과 비교하여 현금수입의 적정성 여부 검토. 이는 주로 비보험수입이 많은 병의원에 주로 적용된다.
- 수입금액 대비 인건비 비율, 의약품비 비율, 기타 경비비율 등을 성실신고추정사업자의 수입금액 대비 평균적인 비율보다 과다계상했는지 여부

(3) 개별적인 안내 사항의 반영 여부

정식 세무조사가 아닌 세무서로부터 성실신고안내문을 받아본 적이 있을 것이다. 그 취지는 해당 사업장과 동종업종 병의원들과의 여러 항목의 평균비율을 비교하여 해당 사업장의 신고비율이 평균 이하인 경우 그 내용을 통보해 성실신고를 유도하고자 하는 것이다. 따라서 이러한 안내문에 따라 신고한 경우에는 문제 없지만 이러한 내용을 반영하지 않으면 정식세무조사로 이어질 수도 있다.

(4) 재산보유실태 및 증가, 호화생활 관련 여부

그 동안 세무서에 신고된 소득대비 재산보유현황과 소비수준을 비교하여 그 차이가 큰 경우에는 조사대상으로 선정될 수 있다. 따라서 신고소득에 맞추어 재산취득 및 소비수준을 유지해야 한다는 점을 유의해야 할 것이다. 최근 국세청은 PCI(소득－지출 분석시스템)을 활용하여 신고소득대비 재산증가와 소비금액과의 비교를 통하여 조사대상선정을 할 것이라고 하였다. PCI시스템(소득－지출 분석시스템)은 국세청에서 보유하고 있는 과세정보자료를 체계적

으로 통합관리하여 일정기간(통상 5년) 신고소득(Income)과 재산증가(Property), 소비지출액(Consumption)을 비교 분석하는 시스템이다. 예를 들어 재산증가액(부동산, 주식, 회원권, 자동차 등 취득가액)과 소비지출액(신용카드 등)에서 재산감소액(부동산 및 주식 매각)과 신고소득금액을 제외한 나머지가 자금출처가 불분명한 금액이 된다. 즉, 매년 또는 2~3년 기간 동안 나의 재산 증가액 대비 증명되는 소득원천에 대하여 적정하게 대응되지 않으면 진료수입 누락 또는 타인으로부터 증여받았다는 의심을 받아 소득세 또는 자금출처 세무조사를 받게 된다. 따라서 부동산 또는 주식을 취득하기 전에 스스로 분석을 하여 내가 PCI시스템에 걸릴 확률이 없는지를 반드시 확인해야 한다.

(5) 현장확인, 제보로 파악한 개별 정보수집내용

내부 종사직원, 환자, 기타 관계인 등의 구체적인 탈세제보로 세무조사대상에 선정될 수 있다. 그리고 이러한 내부 고발은 상당히 구체적인 내용으로 제보가 이루어지므로 특별히 유의하여야 한다. 최근 이러한 투서로 인한 세무조사가 상당히 많아지고 있는 경향이다. 또한 환자로부터 신용카드사용을 기피한 경우 해당 환자가 세무서에 투서하여 세무조사로 이어지는 경우도 있다.

Point 58

세무조사의 기간은
얼마나 되나요?

세무조사를 실시할 때에는 조사개시 10일 전에 세무조사사전통지서를 작성하여 납세자 또는 납세관리인에게 직접 교부, 모사전송, 전자우편(e-mail) 또는 등기우편 등으로 송달하고, 송달을 확인할 수 있는 근거서류를 비치해야 한다. 이 경우 통합조사를 실시하는 다른 세목이 있으면 그 뜻을 기재하여 통지해야 한다.

다만, 범칙사건에 대한 조사 또는 사전통지를 하면 증거인멸 등의 우려가 있어 조사목적을 달성할 수 없다고 인정되는 경우에는 조사관할관서장의 승인을 받아 사전통지를 하지 아니하고 조사에 착수할 수 있다. 그러나 실제로 세무조사가 이루어지는 과정을 보면 사전통지를 하지 않는 경우를 종종 보게된다. 사전통지를 하는 경우 현금수입업종 등 증거인멸의 우려가 있어 조사성과를 거둘 수 없다고 판단되는 경우에는 사전통지를 생략하는 경우가 있으므로 모든 세무조사 시에 사전통지를 할 것이라고 생각을 해서는 안 될 것이다. 한편 천재·지변, 화재 및 그 밖의 재해, 질병 또는 장기 출장 등 일정한 사유가 있는 경우에는 조사착수를 연기하여 줄 것을 신청할 수 있다. 세무조사기간을 정함에 있어 조사대상 세목, 조사대상 업종·규모 및 조사의 난이도 등을 감안하여 조사에 필요한 최소한의 기간으로 정하여야 한다. 통상 정기조사의 경우 20일 이내이며 비정기조사의 경우 30일 이내에서 조사가 이루어진다.

그러나 아래의 일정한 경우에 한하여 세무조사기간을 연장할 수 있다. 이러한 조사기간의 계산은 조사착수일로부터 조사종결일까지의 기간으로 하며, 조사기간 중의 공휴일과 토요일은 포함하여 계산한다.

- 해당 납세자의 외형규모, 거래형태, 업종 및 조사난이도 등 조사업무량으로 보아 세무조사에 장기간이 소요될 것으로 판단되는 경우
- 조사관할이 조정된 세무조사, 세금계산서 등 추적조사, 기업주 등의 자금출처조사, 주식변동조사 및 이전가격조사 등을 함께 실시하는 경우
- 상속세, 증여세, 조세범칙조사 등 조사기간을 일률적으로 정하기 어려운 경우

Point 59

세무조사도 그 유형에 따라
강도가 다른가요?

세무조사란 납세자의 동의를 얻어 세무조사 권한인 질문조사권에 의해 조사하는 것을 말한다. 이는 조사 공무원의 장부나 서류 등의 제시요구에 대하여 납세자가 불응한다는 이유로 조사 공무원이 사업장 등을 수색하는 등 강제성을 발휘할 수 없음을 의미한다. 이렇게 납세자의 동의를 얻어 행하는 조사라는 의미에서 이를 임의조사라고 한다. 그러나 실제로 납세자의 동의를 전제로 하여 세무조사를 한다고 해도, 세무공무원의 적법한 질문검사에 대해 허위 진술을 하거나 그 직무집행을 거부 또는 기피한 자에 대해서는 처벌이 예정되고, 조사공무원이 조세탈루 혐의의 심증을 굳히면 강제조사로 전환될 수도 있으므로, 임의조사 역시 사실상의 강제성을 가지고 있다고 할 수 있다.

이러한 세무조사에는 정기적으로 신고내용의 적정성을 확인하기 위한 정기적 선정에 의한 세무조사(이하 "일반조사")와 세금을 탈루시킨 수법이나 규모로 보아 통상의 조사로는 조사의 실효를 거두기 어려운 경우에 별도계획에 의하여 실시하는 세무조사(이하 "심층조사")가 있다. 아무래도 일반조사보다는 심층조사가 더 강도가 세다고 할 것이다.

최근 병의원에 대한 세무조사는 일반조사가 아닌 심층조사 형태로 수행하는 경우가 많다. 즉, 세무조사에 대한 사전통지 없이 불시에 방문하여, 전산 및 수기차트와 금고에 보관 중인 차명계좌 또는 비밀장부 등을 확보하는 형태로 이루어지고 있다. 따라서 불필요한 오해가 생기지 않도록 자신의 계좌가 아닌 통장을 절대로 병원에 놓지 않아야 하며, 전산데이타에 대해서도 환자별 진료내역 데이터에 대한 오류검증을 항상 실시하여야 한다. 필자의 일부 경험의 경우 환자의 예약대장을 기초로 세무조사 후 과세한 경우가 있었는데, 조사공무원이 이를 실제 수입금액으로 오해하여 전 환자에게 우편발송하여 진료 여부 및 진료금액 내역을 확인하기도 하여 병의원이 애를 먹은 사실도 있다. 또한 예치(병의원이 보관 중인 서류를 세무공무원이 임시로 가져가는 행위)한 서류에 대한 목록에 날인하도록 되어있으므로 조사공무원이 가져가는 서류에 대해서도 꼼꼼하게 체크를 하거나 복사를 하여 과세관청이 확보한 서류가 무엇인지를 챙기는 것이 매우 중요하다.

구분	일반조사	심층조사
1. 의의	특정납세자의 조사대상 세목에 대한 과세요건 또는 신고상황의 적정 여부를 검증하기 위하여 실시하는 통상의 세무조사를 말한다.	세금을 탈루시킨 수법이나 규모로 보아 통상의 조사로는 조사의 실효를 거두기 어려운 경우에 별도계획에 의하여 실시하는 세무조사를 말한다.
2. 선정기준	사업규모, 납세성실도, 업종의 특성, 과거 납세실적, 세무정보 및 탈세제보 등을 검토하여 조사대상자로 구분하여 선정한다.	탈세정보자료 또는 간접조사에 의하여 세금을 탈루한 혐의가 명백하게 포착된 자로 한다.
3. 조사기간	통상 20일 이내	통상 30일 내 (추가 30일 연장가능)
4. 조사대상 세목	소득세(통합조사 원칙이므로 사업관련한 타세목 조사함이 원칙)	납세자와 관련된 모든세목
5. 조사대상 기간	통상 최근의 1 과세연도	통상 최근의 3~5 과세연도
6. 조사	(1) 원칙 장부조사 (2) 예외 ① 거래처 확인조사: 조사관서장 승인 ② 금융거래 확인조사: 지청장 승인	심층조사는 이미 이 모든 기법이 예정된 방법이므로 별도 승인절차 없음.
7. 사전통지	통상적으로 사전 통지함.	증거인멸의 우려가 있어 통상적으로 사전통지하지 않음.

Point 60

세무조사 시
사전에 통보하고 나오나요?

세무조사를 하는 경우에는 원칙적으로 조사개시 10일 전에 조사대상 세목, 조사기간, 조사사유 등을 문서로 통지하도록 하고 있다. 그러나 사전에 세무조사 사실을 통지하면 증거인멸 등의 사유로 세무조사의 실효성을 달성하기 곤란한 경우에는 사전통지하지 않을 수 있도록 하고 있다. 실례로 보면 세무조사 사전통지 여부는 세무조사 성과에 상당한 영향을 미친다고 할 수 있다. 세무조사 사전통지 후 조사공무원이 조사에 착수할 경우에는 사업자는 조사에 대비하여 사전에 실제장부 등을 은닉하는 등의 방법으로 조사에 대비하기 때문이다. 그러나 사전통지 없이 사업장에 조사를 착수하게 되면 실제 수입금액 등을 확인할 수 있는 장부 등이 사업장에 비치되어 있는 경우가 대부분이므로 비교적 쉽게 조사의 목적을 달성하게 되는 것을 많이 보게 된다. 최근 정기세 무조사가 아닌 별도의 기획에 의한 비정기적인 세무조사의 경우 그 실행상황을 살펴보면 사전통지를 하지 않고 조사에 착수하는 경우가 상당히 많은 것이 일반적이다.

1. 조사팀 및 지원팀이 불시에 방문하여 대표원장으로부터 예치승낙을 받기 전까지 조사관들은 원무팀(진료차트 보관장소), 수납팀(현금수납 및 장부작성 장소), 대표원장실(금고 및 통장 보관장소)에서 대기한다.

2. 조사팀은 환자의 진료예약부터 수납에 이르기까지의 모든 과정에 대하여 담당직원에 대하여 질문조사권을 행사하며, 그 업무흐름도를 전체적으로 파악한다.

3. 특히 현금수입에 대하여 마감 및 주거래은행에 대하여 파악하여 그 동선을 확인한다.

4. 진료차트가 전산으로 관리할 경우 주 서버의 운용을 자체적으로 하는지 외부 서버에 용역을 맡기는지를 확인한 후 USB로 하여 그 데이터를 모두 다운받는다.

5. 의심되는 샘플 차트를 확인하여 별도의 표시가 있는지(예를 들면 현금수입에 대한 다른 표기 등)를 확인하고 수입금액에 반영이 되어 있는지를 확인한다.

6. 수첩, 메모지, 개인업무노트 등을 확인하여 별도의 차명계좌가 있는지를 확인한다.

7. 외국인 상대 영업을 하는 경우 에이전트와의 계약서 등 장부 외 수입 및 장부 외 에이전트 지출경비의 유무를 파악한다.

8. 임대차계약서를 확인하여 병원 이외의 별도의 장소(예를 들면 차트 보관장소)가 있는지를 확인한다.

9. 모든 예치서류 확보가 끝날 경우 일시보관목록표에 대표자의 날인을 받아 예치된 서류를 가지고 국세청으로 복귀하게 된다.

Point 61

세무조사는
어느 세무서에서 나오나요?

세무조사 관할은 그 세목의 납세지를 관할하는 세무서장 또는 지방국세청장이 수행한다. 다만, 국세청장이 중요하다고 인정하는 세무조사는 국세청장이 수행할 수 있다.

통상 조사기간 동안의 수입금액 및 탈루세액 또는 예상 추징세액 정도 등을 고려하여 그 금액이 크다면 관할 지방국세청, 작다면 관할 세무서에서 조사가 진행된다. 따라서, 조사관할이 지방국세청보다는 관할 세무서인 것이 납세자 입장에서는 유리하다고 할 수 있다.

한편 소득세의 경우 관할 세무서에서 조사를 나올 경우 사업장 소재지가 아닌 주민등록상 주소지 관할 세무서에서 조사를 나오게 된다. 만약 병의원의 소재지가 역삼동이라 할지라도 원장의 주소가 반포동으로 되어 있으면 역삼세무서가 아닌 반포세무서 조사과에서 조사관할이 지정이 된다. 다만, 부가가치세의 경우에는 사업장 주소지를 관할하는 세무서에서 나오게 된다.

한편 재산제세 관련, 즉 양도소득세, 증여세, 상속세 조사의 경우 물론 납세자의 주소지 관할 세무서에서 조사를 하게 된다. 그러나 세무서 조사과가 아닌 재산세과에서 조사를 수행하게 됨을 유의하여야 한다. 왜냐하면 재산제세와 관계된 모든 업무, 즉 신고, 분석 및 조사가 조사과가 아닌 재산세과에서 수행하기 때문이다. 또한 상속세 조사의 경우에는 상속개시지인 피상속인의 주소지, 즉 사망하신 분의 주소지에 해당하는 지방국세청 또는 세무서 재산세과에서 담당하게 된다.

병의원 세무조사 시
무엇을 집중적으로 보나요?

병의원 소득세 세무조사란 결국 수입금액의 축소신고여부와 경비의 과다계상여부를 확인하는 조사라 할 것이다. 상대적으로 현금수입이 많은 비보험 진료병과인 성형외과, 피부과, 라식수술전문안과, 치과, 한의원 등은 수입금액의 축소신고여부를 중점적으로 조사할 것이고, 현금수입이 적은 내과, 소아과, 정형외과 등은 경비의 과다계상여부를 중점적으로 조사할 것이다. 조사기법으로는 주로 병의원이 비치하고 있는 장부를 토대로 조사가 이루어질 것이고, 이러한 장부 조사만으로는 조사의 실효를 거두기 어렵다고 판단하는 중요한 경우에는 장부조사와 병의원과 거래관계가 있는 자에 대한 확인조사 및 본인의 계좌 등의 금융거래 조사를 병행할 것이다.

1. 수입금액조사

병·의원의 경우 세무조사 시 주로 수입금액의 누락여부는 다음과 같은 사항을 토대로 보험 대상이 되지 않는 비급여 현금수입금액의 누락여부를 중점적으로 조사할 것이다.

● 병의원의 실제수입을 확인할 수 있는 일일수납장부, 예약장부, 수술일정표, 진료차트, 마취대장, 마약장부, 진단서발급대장 등을 확인하여 신고수입금액과 상호대사하여 수입누락액을 확인조사한다.

- 비급여 수술 단가조작여부를 확인하여 수입누락액을 확인조사한다.
  _ 환자가 연말정산 시 제출한 의료비영수증 등에서 단가 확인
  _ 환자에게 직접 전화, 진료사실안내문 등을 우편 발송하여 수술여부와 단가를 확인
- 거래의 내용을 감출 수는 있어도 그 실제자금의 흐름은 감추기가 어렵다. 그러나 현실적으로 금융거래내역과 보유예금 등의 금융재산에 대한 조사는 앞서 설명한 대로 "금융실명거래 및 비밀보장에 관한 법률"에 의해 제한적으로 허용되며 일반적인 세무조사 시에는 통상적인 조사기법으로 사용되지는 않는다.
  _ 현금수납액을 주기적으로 본인통장에 입금한 사실을 확인하여 그 부분을 신고누락액으로 적출한 사례
  _ 친인척이나 직원명의로 현금수입을 입금시키고 그 부분을 누락하여 신고한 사례
  _ 환자에게 유무선으로 직접확인한 결과 수술금액을 타인의 예금계좌로 온라인 입금한 사례
- 입원환자들의 진료차트를 확인, 입원실수 및 병상수와 입원환자 실태와 연계조사하여 비급여 적용항목별(검사비, 병실차액, 식대 등)로 단가확인하여 비급여수입누락여부 검토
- 진료기록부(진료차트)는 일련순으로 번호를 부여하고 있는지 여부 확인하여 누락된 차트번호 확인하여 수입누락여부 확인
- 진료차트와 처방전누락유무 및 처방 전에 기록된 의료비와 수입내용조사
- 비급여수입과 밀접한 인과관계가 있는 약품 및 소모품의 실제구입내역을 확인하여 신고수입금액의 적정여부 검토
- 인근 약국에서 보관 중인 해당 병의원 환자의 의약품 처방내역을 확인하여 수입누락여부 조사
- 진단서 발급대장 등 각종대장 확인하여 진단서 발급 수입 누락여부 확인
- 마취사에 지급한 내역 검토하여 수술수입금액조사
- 마취 시 필요한 향정신성 의약품기록내역확인 및 매입처 확인조사(마취제 매입량)

- X선실 각 대장과 진단서 발급대장, 필름수불현황 및 진료차트 등에 의하여 진료수입금액 확인
- CT촬영기, MRI촬영기, 엑시머레이저, 각막 절삭기, 레이저치료기, 안면 성형기, 지방흡입기, 초음파검사기, 위내시경, 임상병리치료 등에 의한 환자검사 및 진료일지 확인 및 주요한 필수 의료소모품 확인

2. 의료원가(의약품, 의료소모품) 항목 검토

- 약품 및 의료소모품구입에 따른 할인액, 판매장려금, 기타 납품과 관련한 사례금 등을 수입금액에서 누락여부 확인
- 약품도매업자와 담합에 의해 허위로 자료수취하여 가공경비를 계상하였는지 여부 검토
- 세금계산서가 아닌 허위로 일반영수증을 받아 경비처리여부 검토
- 약품 및 의료소모품의 입고/출고내역이 기재된 재고수불부와 세금계산서 및 지급내역 등과 상호대사하여 가공경비계상여부 검토

3. 기타 경비항목

(1) 인건비

실제 근무한 사실이 없는 자에 대하여 가공으로 인건비를 계상한 것이 없는지 여부를 중점조사하며, 특히 친인척 등의 경우 가끔 나와서 청소, 접수 등의 일을 했다고 하더라도 상근하지 않으면 인정받기 어려움.

- 정규직원급여신고내역과 4대보험신고 일치여부를 확인하며, 급여에 대하여 자동이체를 하는 경우 그 내역을 확인하여 지급내역이 확인되지 않는 가공으로 계상한 직원이 있는지 여부
- 일용직으로 신고한 급여의 경우 인적사항이 기록된 일용직급여대장의 비치여부와 실제지급 여부를 그 해당직원에게 질문 등을 통한 확인조사

(2) 감가상각비

건물, 의료기기, 인테리어 등의 시설장치에 대한 감가상각비가 세법에 부합하게 비용계산이 되었는지를 확인조사하는 것으로서 다음의 사항을 확인조사

- 실제로 존재하지 않는 자산을 허위로 계상하여 감가상각비 계상한 것이 없는지를 세금계산서 및 계약서 유·무와 실제 대금이 지급되었는지를 조사
- 업무와 관련없는 가사와 관련된 자산을 계상하고 감가상각비 및 그 유지비 계상여부 조사
  - 예 배우자명의의 차량을 자산계상, 집 인테리어공사를 병원 인테리어공사로 자료수취
- 특수관계자(친인척)로부터 시가보다 과다한 금액을 주고 시설장치 등을 취득하여 감가상각비 계상여부 조사
- 감가상각비 계산 시 취득가액, 상각방법, 내용연수 등을 세법대로 적용하여 비용계상하였는지 여부를 확인조사
- 비상각자산인 토지 등을 감가상각하였는지 여부를 확인조사
- 운용리스자산을 장부에 계상하고 감가상각비로 계상여부

(3) 이자비용

사업과는 무관하게 돈을 차입하여 여기서 발생하는 이자비용을 장부상에 계상하였는지 여부를 조사하며 차입금의 용도와 필요성 및 실제사용은 정당한지 여부를 확인조사

(4) 복리후생비

- 직원의 식대영수증, 회식대영수증, 간식비 영수증, 식재료영수증 중 사업장 근처가 아닌 사업주 집근처 영수증, 휴무일 날짜의 영수증 등 가사관련지출을 경비로 신고한 것이 있는지 여부 또는 백지 영수증을 받아 임의로 금액을 동일한 필체로 기재한 영수증이 없는지 여부 등을 조사

- 접대비가 한도초과되어 이를 복리후생비로 처리한 것이 없는지 여부를 조사
- 가사와 관련하여 내는 집세를 기숙사로 위장하여 경비를 신고한 것이 없는지 여부를 조사

(5) 접대비

- 기준금액(2009년부터 1만원임) 초과거래금액 중 세금계산서나 신용카드 전표를 받지 않고 경비처리한 것이 있는지 여부를 확인조사
- 상품권을 구입하고 신용카드로 결제하지 않은 경우
- 사적인 골프장 관련 경비, 개인적인 사교성 경비 등 접대성이 아닌 가사 관련성 지출을 접대비로 계상한 것이 없는지 여부 등을 조사

(6) 여비교통비

- 업무관련 출장이 아닌 여비를 여비교통비로 계상여부
- 업무와 무관한 동반자를 위하여 지급한 해외여비와 기타비용 여부

(7) 차량유지비

- 업무와 관련없는 차량에 대한 유류대, 보험료, 수선비 등 경비계상여부

(8) 통신비

- 집에서 쓰는 전화 등, 타인명의의 통신비 등을 사업상 경비로 계상여부

(9) 세금과 공과금

- 집과 관련하여 부담한 세금과 공과금을 경비로 계상여부
- 각종 과태료, 벌금 등을 경비로 계상여부

(10) 수도광열비

● 집에서 쓴 도시가스, 유류대 등을 경비로 계상여부

● 실제보다 과다하게 자료를 받아 경비계상여부

(11) 보험료

● 업무와 무관한 보험료를 경비계상여부

● 업무관련 보험료 중 소멸성이 아닌 저축성 부분까지 경비 계상여부

(12) 교육훈련비

● 업무와 무관한 교육훈련비를 경비로 계상여부

(13) 소모품비, 사무용품비, 수선비, 도서인쇄비

● 가사관련하여 구입한 것을 사업상경비로 계상하였는지 여부

● 백지영수증을 받아 허위로 금액을 적어 경비로 계상한지 여부

(14) 기부금

● 비지정기부금을 지정기부금으로 신고한 것이 없는지 여부

● 기부금단체로부터 허위로 영수증을 받아 경비계상여부

(15) 광고선전비

● 허위로 영수증을 받아 경비로 계상여부

● 실제보다 과다하게 영수증을 받아 경비로 계상여부

Point 63

차명계좌를 사용하면
어떻게 되나요?

환자로부터 받은 진료비를 타인의 계좌에 입금하여 관리하거나 또는 환자의 진료비를 송금받는 용도로 직접 타인의 계좌를 사용하는 경우 이러한 계좌를 차명계좌라 한다. 최근 이러한 차명계좌에 대한 투서나 FIU(금융정보분석원)를 활용한 금융거래내역을 넘겨받아 세무조사에 활용되는 경우가 많아지고 있는 상황이다.

고액현금거래보고제도(Currency Transaction Reporting System; CTR)는 금융회사 등이 일정금액 이상의 현금거래를 금융정보분석원장에게 보고하도록 한 제도로, 1거래일 동안 2천만원 이상의 현금을 입금하거나 출금한 경우 거래자의 신원과 거래일시, 거래금액 등이 전산시스템을 통해 자동 보고되도록 하고 있다.

의심거래보고제도(Suspicious Transaction Report; STR)란, 금융거래와 관련하여 수수한 재산이 불법재산이라고 의심되는 합당한 근거가 있거나 금융거래의 상대방이 자금세탁행위를 하고 있다고 의심되는 합당한 근거가 있는 경우, 이를 금융정보분석원장에게 보고토록 한 제도이다. 의심거래보고건수는 2010년 6월 30일부터 의심거래보고 기준금액이 2천만원에서 1천만원으로 하향조정되고, 2013년 8월 13일부터 의심거래보고 기준금액이 삭제됨에 따라

크게 증가되고 있는 추세이다.

따라서 2천만원 이상 현금을 입금하거나 출금하는 경우 자동으로 금융정보분석원에 통보되며, 그 누적자료를 국세청 등 관련기관에 자료를 제공하게 하므로 가급적이면 현금의 입출금보다는 계좌이체 등으로 은행거래를 하여 불필요한 오해를 줄이는 것이 좋다.

병원 수입과 지출을 관리하는 담당자 또는 병원장의 친인척 계좌 등의 차명계좌를 사용해서는 안 된다. 국세청의 병원에 대한 예치 시 단순 메모의 계좌번호가 단서가 되어 그 명의의 모든 금융기관의 계좌번호를 조회할 수 있기 때문에 차명계좌는 반드시 노출되는 가능성이 크다고 할 것이다. 또한 그에 따른 소득세뿐만 아니라 가산세 및 현금영수증 과태료 더 나아가 그 차명계좌 개설 자체가 조세범처벌법상 사기 기타 부정한 행위에 해당되어 조세포탈범으로 검찰에 고발될 수도 있기 때문이다. 또한 최근 "금융실명거래 및 비밀보장에 관한 법률"의 개정으로 2014년 11월 29일 이후로는 세금 탈루 목적으로 차명계좌를 사용하는 경우에는 형사처벌대상으로 5년 이하의 징역 또는 5,000만원 이하의 벌금에 처해진다.

Point 64

세금탈루 시 조세범으로 고발되어 형사처벌도 받나요?

최근 국세청은 일반적인 세무조사과정에서 조세범칙혐의가 발견되는 경우에는 엄격하게 조세범처벌법을 적용할 것이라고 하였으며 실제로 조세범칙조사로 전환되는 병의원을 종종 보게 된다. 조세범칙 조사대상은 탈세정보 또는 신고내용 분석결과 등에 의하여 "조세범처벌법의 범칙행위"에서 규정하는 사기 기타 부정한 방법으로 조세를 탈루한 혐의 또는 범칙행위의 혐의가 구체적이고 명백한 자로서 탈루세액의 규모, 탈루수법, 그 밖에 범칙혐의의 정황 등을 감안하여 세법질서의 확립을 위하여 처벌할 필요가 있는 경우에 선정함을 원칙으로 하며, "조세범칙조사심의위원회"에 회부하여 조세범칙조사 여부를 결정하도록 하고 있다.

대법원 판례에서 사기 기타 부정한 행위라 함은 "조세의 부과와 징수를 불가능하게 하거나 현저히 곤란하게 하는 위계, 기타 부정한 적극적인 행위를 말하고, 다른 어떤 행위를 수반함이 없이 단순히 세법상의 신고를 하지 아니하거나 허위의 신고를 함에 그치는 것은 여기에 해당하지 아니한다 할 것이다"라고 판시하고 있다.

최근 일반 세무조사 결과 병의원의 수입금액 누락 규모가 크고 그 수법이 악의적인 경우에는 사법당국에 해당 병의원을 조세포탈범으로 고발해 처벌을 받는 일이 발생하고 있다. 일단 검찰에 고발되면 세법규정에 따라 정상적인 세금 외에 세금의 2배 또는 3배 이하에 상당하는 벌금이 부과돼 거의 회복 불가능 상태에 빠질 수도 있다.

그렇다면 국세청이 사법당국에 고발하는 기준은 무엇이고 어떤 처벌을 받게 되는 것일까? 조세범처벌법에는 조세범칙 행위에 대한 처벌규정을 두고 있다.

우선 '조세범처벌법'에서는 "사기나 그 밖의 부정한 행위로서 조세를 포탈하거나 조세의 환급·공제를 받은 자는 2년 이하의 징역 또는 포탈세액, 환급-공제받은 세액의 2배 이하에 상당하는 벌금에 처한다. 다만, 포탈세액 등이 3억원 이상이고, 그 포탈세액 등이 신고 납부해야 할 세액의 100분의 30 이상인 경우와 포탈세액 등이 5억원 이상인 경우에는 5년 이하의 징역 또는 포탈세액 등의 3배 이하에 상당하는 벌금에 처한다"라고 규정하고 있다.

나아가 국세청의 '조사사무처리규정'에서는 "조사관서장이 일반 세무조사에 착수한 후 장부의 은닉, 파기, 그 밖에 조사 진행 중 사기나 그 밖의 부정한 행위로 인한 조세포탈혐의가 발견되거나 그 수법, 규모, 내용 등의 정황으로 보아 세법질서의 확립을 위해 조세범으로 처벌할 필요가 있다고 판단되는 경우에는 조세범칙조사로 전환할 수 있다"고 규정하고 있다.

특히 국세청은 사기나 그 밖의 부정한 방법으로 조세를 탈루한 혐의가 있거나 세법질서의 확립을 위해 처벌할 필요가 있다고 판단되는 경우, 조세범칙조사심의위원회의 심의를 통해 조세범칙조사 대상 여부를 결정한다.

조세범칙조사 결과 이중장부, 거짓증빙-거짓문서의 작성, 장부와 기록의 파기, 재산의 은닉, 소득-수익-행위-거래의 조작 또는 은폐, 부정 세금계산서 수수 등과 같은 악의적이고 고의적인 조세포탈범은 고발 처분을 받게 되고, 고발과 무혐의에 해당하지 않는 사안은 벌과금 등의 통고처분을 받게 된다.

Point 65

세무조사를 사전에 대비하려면
어떻게 해야 하나요?

1. 수입장부 등의 오류 검증

세무조사 대상에 선정되지 않기 위하여는 오로지 분석상에 오해가 없도록 수입금액 및 경비를 반드시 성실하게 신고하는 수 밖에 없을 것이다. 즉, 전자차트 또는 수기장부에 입력된 수입금액에 대하여 신고수입금액과의 대사를 통한 사후 관리를 철저히 해야 할 것이다. 필자의 경우 조사공무원과 오해가 생긴 경우도 있다. 예를 들어 수납간호사가 환자의 수술예정금액 5백만원을 전자차트에 입력하였으나, 실제 동 환자는 수술을 받지 아니하고 다른 병원에 간 경우 동 수납예정금액을 수정하여야 하나, 수정하지 아니한 채 동 진료차트가 국세청에 확보된 경우 수입금액 누락으로 오인될 수가 있다.

2. 모든 지출에 대한 근거자료를 어떤 형태로든 보유하라.

보통 세무조사는 2~3년 후에나 나오는 것이 일반적이므로, 과거의 자료를 제대로 모아놓지 않으면 세무조사 시 부당한 불이익을 당할 수 있다. 사업과 관련된 지출에 대해서는, 관련 근거서류를 어떠한 형태로든 받아서 보관해야 한다. 예를 들어 봉직의의 인건비에 대하여도 의사를 설득하여 인건비 신고를 모두 해야 하고, 만약 해당 봉직의가 숨기려고 할 경우 향후 인건비 추가 인정을 위하여 반드시 계좌이체 또는 급여 수령증을 받아 놓아야 할 것이다.

3. 동업자 권형에 맞춰 소득 및 매출액을 신고하라.

세무조사는 불성실하게 신고한 사업자를 대상으로 나오는 것이다. 따라서 세무조사를 어느 정도 미연에 방지하려면 다른 동업자들과 형평에 맞춰서 신고해야 한다. 동업자가 신고한 소득률은 40%인데, 자신만 20%로 신고하면 조사대상으로 선정될 확률은 커지는 것이다. 이는 수입금액 역시 마찬가지이다.

4. 신고소득에 맞춰 재산취득 및 소비수준을 유지하라.

그동안 신고한 소득은 3억원인데 본인명의로 취득한 부동산이나 예금, 주식 등이 10억원이라면, 세무서는 그 차액을 소득신고의 누락으로 볼 여지가 있다.

세무조사를 통보 받았을 경우 대처사항은?

세무조사는 조사유형에 따라 다르나 세무사찰이나 탈세 제보 등 긴급이나 비밀을 요하는 경우 등 특정한 경우가 아닌 한, 대부분 조사 개시 10일 전에 세무조사 예고통지를 한다. 따라서 세무조사 통지를 받은 경우에는 다음과 같은 사항을 점검해야 하며, 세무대리인에게 조력을 구하는 것이 바람직할 것으로 생각된다.

1. 자료준비

조사공무원의 자료제시 요구에 대응하려면 관련 장부와 증빙서류를 연도별 월별로 잘 정리해 놓아야 한다. 또한 필요경비를 인정함에 있어 요구되는 내부규정 등(당직규정, 여비지급규정, 퇴직금관련규정)이 미비한 경우에는 잘 정비해 놓아야 한다.

조사공무원의 자료제시 요구에 즉시 대응하지 못하거나 분실로 인하여 제출하지 못할 경우에는, 세금탈루에 대한 범칙을 숨기기 위해 장부 등을 은닉 또는 파기한 것으로 오인할 수 있으므로 장부와 증빙서류를 잘 정리해 놓아야 한다.

2. 답변준비

조사공무원은 미리 사업전반자료 및 거래처 세무신고상황, 각종 비급여 수술단가, 영업형태, 실적, 세금납부사항, 개인생활 정도, 재산사항, 해외여행 빈도 등을 상세히 알아본 후, 현장조사에 임한다. 따라서 세무조사 대상자는 예상되는 조사방향, 요구자료 등을 분석하여 조사공무원의 예상 질문에 대한 답변자료를 준비해야 한다. 전혀 예상치 못한 질문을 받아 당황해하면 조사공무원은 그 부분에 대해 세금탈루에 대한 심증을 굳힐 수 있다.

3. 사업장 정리

조사공무원이 사업장 내에 불필요한 오해의 소지를 가질 만한 것들은 가급적 정리해 놓는 것이 좋다. 병의원 내에 별도의 조사실을 마련하여 제공하는 것이 좋지만, 대개 세무조사는 영업 중에 이루어지므로 소규모 의원의 경우에는 조사실 마련이 사실상 힘들다 할 것이다. 장소가 마땅치 않을 경우, 조사공무원과 협의하여 조사장소를 변경할 수도 있다.

4. 세무대리인에게 연락할 것

세무조사 사전통지를 받은 경우에는 그 즉시 세무대리인에게 연락을 취하여 자료준비 및 답변자료 등의 도움을 청하고 조사 시에 입회, 진술의 대리 등을 요청하는 것이 좋다. 조사공무원에게 불필요한 말을 하여 피해를 보는 일은 없도록 해야 할 것이다.

Point 67

세무조사가 나왔을 경우
대처방법은?

1. 침착하게 행동하라.

실지조사가 실시되어 조사공무원과 대면하면 누구나 당황하기 마련인데, 이때 너무 당황해하는 모습을 보이면 조사공무원은 세금탈루의 심증을 굳힐 수 있으므로 침착하게 행동할 필요가 있다. 또한 조사를 기피하는 태도를 보여서는 안 되며, 조사공무원을 무시하는 태도로 대하여 불필요한 감정적 대립을 일으키는 것은 절대로 삼가해야 한다.

2. 조사공무원의 소속 및 성명을 알아두라.

보통 조사공무원이 세무조사를 나오게 되면 조사원증을 제시하게 되는데, 이때 조사공무원의 소속 및 성명을 적어놓는 것이 좋다.

3. 세무대리인에게 연락하라.

세무조사가 나오게 되면 즉시 세무대리인에게 연락하여 조사공무원의 질문과 자료제시 요구에 대한 도움을 받아야 한다.

4. 논리에 맞게 답하고, 잘못된 부분은 인정하라.

조사공무원은 조사과정에서 사실확인을 위하여 원장(또는 종업원)에게 질문을 한다. 이때 특정질문에 조사대상자가 당황하는 모습을 보이면 조사공무원은 그 부분에 부정이 있는 것으로 보고 집중적으로 조사할 수 있다. 따라서 특정질문에 당황해 하지 말고, 직접 대답하기 곤란한 부분은 세무대리인과 협의하여 답변을 하는 것이 좋을 것으로 생각된다.

필자가 세무조사과정에 입회하다보면, 정황상 부정이 드러났는데도 조사대상자가 세법지식이 부족해서 계속 무리한 주장을 펼쳐, 조사공무원과 감정적 대립을 하는 경우가 종종 보게 된다. 부정을 한 것이 사실이고 그 부분이 드러난 것이라면 솔직하게 인정하는 것이 좋다.

조사공무원의 질문이 이해가 가지 않을 때에는, 조사공무원이나 세무대리인으로부터 설명을 구하여 납득을 한 다음 답변하는 것이 좋다. 또한 사람의 기억에는 한계가 있는 것이므로 조사공무원의 질문이 장부 및 증빙서류를 확인해야 하는 경우에는 괜히 애매하게 답변하지 말고 장부 등을 확인한 후에 정확히 답변하는 것이 좋다.

5. 자료제시 요구에 성실히 응하라.

조사공무원은 자료제시를 요구하게 되는데, 병원에서 통상적으로 비치하고 있어야 할 서류는 자료제시 요구에 응하는 것이 좋다. 예를 들어 전자차트를 작성하고 있는 경우 전자차트의 내용을 요구하는 경우에는 이를 제출하지 않을 경우에는 상당한 수입누락이 있는 것으로 혐의를 포착하여 조사유형을 전환하여 조사강도를 달리 할 수도 있다.

조사공무원의 자료제시 요구에 대한 자료제출을 해야 할 것인지가 애매한 부분은 세무대리인과 협의하여 그 제출여부를 결정하여 제출하면 될 것으로 사료된다. 그러나 요구하지도 않는 자료를 적극적으로 제출할 필요는 없다.

6. 조사 종결 후 확인서에 날인하기 전에 세무대리인과 상의 하라.

세무조사가 종결되면 조사공무원은 조사한 사항들에 대하여 확인서를 작성한다. 이에 대하여 원장 자신이 확실히 이해가 가지 않는 내용이 있을 때에는 확인서에 날인해서는 안 된다. 일단 날인한 후에는 그 내용이 사실이 아니라는 명확한 반증이 없는 한 번복하기가 힘들어지기 때문이다.

세무조사가 억울한 경우
구제 방안은?

과세관청의 처분이 위법하거나 부당하다고 생각될 때에는, 법이 정한 일정한 절차에 따라 국세불복청구를 통해 침해된 권리를 구제받을 수 있다. 또한 세무조사과정 중이라도 과세관청의 권리침해에 시정을 요청할 수 있다. 이하에서는 세무조사 진행 중과 종결 후의 구제 방안에 대해 살펴보자.

1. 세무조사 진행 중

(1) 권리보호 요청

세무조사 과정에서 조사범위를 벗어난 부당한 자료요구 또는 조사기간의 임의연장 등에 대하여도 납세자가 납세자보호담당관에게 '권리보호 요청'을 신청하여 권리를 보호받을 수 있다. 즉, 납세자가 세무조사에 대한 권리보호 요청 시 납세자보호관은 세법에 위반된 조사 또는 중복된 조사로 판단되는 경우에는 세무조사 중단 시정명령을 하고 있으며, 그 외 납세자 권리침해 사항에 대해서는 납세자보호담당관이 시정요구를 통해 납세자의 권리를 최대한 보장하고 있다. 가장 흔한 사례는 조사기간 종료 후에 '세무조사 기간연장 통지서'가 송달될 경우 연장된 조사는 '세법에 위반된 조사'로 판단되어 납세자보호위원회에서 조사 중지되는 경우가 많다. 이러한 시정요구 대상을 예로 들면 다음과 같다.

(2) 과세기준자문 또는 과세사실판단자문 신청

세무조사 과정에서 세법적용 측면 또는 사실관계 판단에 있어 쟁점이 생기면 납세자와 과세관청간에 충돌이 발생할 수 밖에 없다. 예를 들면 성형외과 원장님이 매출누락에 대응하는 환자 모집 수수료 등의 지급한 내역을 제시하였으나 과세관청이 이를 인정하지 않을 경우 조사과정 중에 납세자가 과세관청에 과세사실판단자문위원회에 상정하도록 요청할 수도 있는 것이다.

즉, 과세기준 자문은 세무조사 현장에서 세법을 적용할 때 법령 해석에 있어서 납세자와 이견이 있을 때 국세청 법규과에 의뢰를 하는 것이며, 과세사실판단자문위원회도 처분청의 요청에 따라 사실관계 확정여부를 판단을 하게 된다. 단, 그 대상은 일정한 요건에 맞아야 신청대상이 됨을 잊지 말아야 한다.

2. 세무조사 종결 후

(1) 조사종결~고지서 발부

세무조사가 종결되면 정식 고지서가 발부되기 전에 세무조사에 대한 결과 통지서를 세무서로부터 받게 되는데, 이때에 과세전적부심사청구를 할 수 있다(통지받은 날로부터 30일 이내에 관할 세무서에 신청하여야 함).

(2) 고지서 발부~90일 이내

고지서를 받은 경우 해당 처분이 위법하거나 부당한 경우에는 고지서를 받은 날로부터 90일 이내에 이의신청(처분청인 세무서나 지방국세청)이나 심사

청구(국세청) 또는 심판청구(조세심판원)를 할 수 있으며 받아들여지지 않을 경우 심판청구, 행정소송 등 조세불복절차를 밟을 수 있는데 유의할 사항은 신청이나 청구의 기일을 어기면 심리 없이 각하되므로 특히 주의를 요한다.

조세의 경우 행정심판전치주의라 하여 행정관서의 처분이 위법 또는 부당한 경우 바로 법원에 정부를 상대로 소송을 제기하여 사법부의 법적심판을 받기 전에 행정청 자신의 재결을 거치도록 하고 있다.

(3) 고지서 받은 날로부터 90일이 지난 때

이때는 법적으로 보호받을 수는 없으나 시정요구, 고충청구 등의 형태로 과세관청의 부당성을 호소할 수 있다.

단지 명백한 과세관청의 잘못이 드러난 경우를 제외하고 법해석상의 문제라면 구제받는데 상당한 어려움이 있다.

의료법인과
세금

개 원 의 를 위 한
병 의 원 세 무
길 라 잡 이

Point 69

의료법인이란
무엇인가요?

사람은 태어나면서 권리·의무의 주체가 될 수 있는 법률상의 지위를 갖는다. 법에서는 이를 인격이라고 한다. 즉, 어떤 물건에 대해 소유권을 취득할 수 있고, 자신의 이름으로 예금할 수 있고, 돈을 빌릴 수도 있으며, 기타 경제적 거래도 할 수 있는 것이다.

사회가 발전하면서 사람이 아닌 단체에 대해서도 이러한 능력을 부여해야 할 필요성이 생기게 되었다. 그래서 법률이 정한 일정한 요건을 갖춘 단체에 대해 그 구성원과는 독립되어 단체의 명의로 재산권을 취득할 수 있고, 기타 그 단체의 명의로 경제적 거래도 할 수 있도록 인격을 부여하고 있다. 이렇게 법에 의해 인격이 부여된 단체를 법인이라 한다.

○○주식회사, ○○재단법인은 바로 이런 법인의 일종이며, 넓게 보면 정부 역시 법인의 일종이라 하겠다. 지금부터 다룰 의료법인은 재단법인의 일종이라 할 수 있다.

필자는 병의원 상담을 하면서 개인병원을 운영하다가 의료법인으로 전환하려고 하는 원장들을 많이 만났다. 의료법인으로의 전환은 사회에 대한 재산 출연이라는 순수한 목적이 주된 이유이겠지만, 현재 부담하는 소득세가 너무 많거나, 병원 규모를 성장시키는 데 개인병원보다 의료법인이 더 유리한 측면, 의사가 아닌 자녀에게 병의원의 상속 등 여러 가지 이유로 의료법인으로의 전환을 모색하기도 한다.

현행 의료법상 의료법인은 비영리법인으로만 허가를 하고 있는데, 비영리법인의 성격은 개인병원과는 상당히 다르다. 따라서 의료법인으로 전환하려면 이러한 것들을 꼼꼼히 따져보아야 할 것이다.

우리나라 의료법은 의료법인이 '공중위생에 기여해야 하며 영리를 추구해서는 안 된다'고 규정하고 있다. 즉, 의료법은 의료법인의 비영리법인의 성격을 명확히 하고 있는 것이다. 그러나 개인병원에 대해서는 이러한 제약이 없으므로 영리추구가 보장된다. 여기서 말하는 비영리성의 의미는 다음과 같이 설명할 수 있다.

1. 이익에 대한 개인 소유화 불가

개인병의원은 이익이 발생하면 모두 원장에게 귀속되고, 처분도 원장이 임의대로 할 수 있다. 그러나 의료법인이 되면 이사장으로서 급여를 받을 수는 있으나, 이익은 분배받을 수 없다. 의료법인의 이익은 의료법인 내에 계속 존재하면서 의료법인의 운영을 위해 사용되어야 한다.

2. 잔여재산에 대한 개인 소유화 불가

개인병원의 경우 폐업을 하게 되면 남은 재산은 당연히 그 원장의 재산이 되지만, 의료법인이 폐업을 하여 청산을 한 후, 남은 재산은 공공의 재산이므로 국고에 귀속되거나 다른 비영리법인에 이전되어야 한다.

의료법인의 설립과 재산 등에 관한 사항

의료법인을 설립하려는 자는 의료법에서 정하는 정관과 그 밖의 일정한 서류 및 관련 요건을 갖추어 그 법인의 주된 사무소의 소재지를 관할하는 특별시장·광역시장·도지사 또는 특별자치도지사(이하 "시·도지사"라 한다)에게 설립 허가를 신청하여 그 허가를 받아야 한다. 따라서 의료법인의 설립은 의료법 등 별도 법령에서 규정한 경우를 제외하고는 그 허가권자인 "시·도지사"가 정하는 바에 의해서 설립 허가를 받아야 한다.

1. 기본 재산에 관한 사항

통상 비영리법인의 재산은 기본재산과 보통재산으로 구분된다. 여기서 기본재산이란 의료법인의 설립시 기본적으로 그 법인에 출연되어야 하는 재산으로서 그 목록과 가액을 정관에 기재하여야 하며, 재산을 처분하거나 정관을 변경하려면 시·도지사의 허가를 받아야 한다. 따라서 의료법인의 자유로운 의사에 의하여 처분 등을 할 수 없는 재산이라 할 수 있다. 이러한 기본재산 외의 재산을 보통재산이라 한다.

의료법은 "의료법인이 개설하는 의료기관에 필요한 시설이나 시설을 갖추는 데에 필요한 자금을 보유하여야 한다." 라고만 규정하고 있어 구체적인 재산에 관한 설립요건에 대하여는 규정하고 있지 않다. 기존에는 보건복지부가운영지침을 두어 일정한 기준을 제시하였으나 최근에는 이러한 지침을 폐지하여 각 지방자치단체가 그 실정에 맞게 기본적인 재산출연규모를 정하여 운영하고 있다.

각 지방자치단체별로 다를 수는 있으나 일반적으로 기본재산은 병원급 이상의 의료기관 건립에 필요한 충분한 본인 소유의 건물과 토지를 출연하는 것을 원칙으로 하고 있다. 건물 출연 없이 토지만을 출연한 후 건물을 신축하여야 하는 경우에는 의료기관 신축에 필요한 충분한 자금을 소유하고 있어야 한다. 충분한 자금의 소유에 대해서는 각 지자체별로 다르게 정하고 있으나 통상 병원급 이상의 의료기관은 1 병상당 3,000만원에서 5,000만원 이상의 금액을 충분한 자금으로 판단하고 있다. 구체적으로는 의료법인을 설립하고자 하는 지역의 관할 지방자치단체에 세부적인 설립요건을 문의하여 검토하여야 할 것이다.

2. 의료사업 및 그 부대사업

의료법인은 그 목적사업인 의료법에 따른 의료기관(통상 '병원급' 의료기관을 개설해야 함)을 개설하여 운영하여야 하며, 이러한 의료행위 외에 의료인·의료관계자의 양성 또는 보수교육의 실시, 의료·의학에 관한 조사연구 등의 사업을 할 수 있다. 그러나 이외의 다른 영업 행위는 원칙적으로 할 수 없다. 그러나 최근 정부는 의료계와 시민단체의 반대에도 불구하고 투자활성화 정책의 일환으로 의료법인의 부대사업의 범위를 확대하는 내용으로 법을 개정하였다. 따라서 아래의 부대사업을 영위할 수 있게 되었다. 이 경우 부대사업으로 얻은 수익에 관한 회계는 의료법인의 다른 회계와 구분하여 계산하여야 한다.

① 의료인과 의료관계자 양성이나 보수교육
② 의료나 의학에 관한 조사 연구
③ 「노인복지법」 제31조 제2호에 따른 노인의료복지시설의 설치·운영

④ 「장사 등에 관한 법률」 제29조 제1항에 따른 장례식장의 설치·운영

⑤ 「주차장법」 제19조 제1항에 따른 부설주차장의 설치·운영

⑥ 의료업 수행에 수반되는 의료정보시스템 개발·운영사업 중 대통령령으로 정하는 사업

⑦ 그 밖에 휴게음식점영업, 일반음식점영업, 이용업, 미용업 등 환자 또는 의료법인이 개설한 의료기관 종사자 등의 편의를 위하여 보건복지부령으로 정하는 사업

Point 71

개인과 법인의
세율의 차이

하단의 표에서 보듯이 단순히 개인의 소득에 대한 소득세율과 법인의 소득에 대한 법인세율의 차이만을 고려한다면 일정 이익 이상이면 당연히 법인이 유리할 것이다. 그러나 여기서 한 가지 간과하고 있는 것은 바로 법인 기업주의 소득에 대한 소득세 세부담이다. 따라서 단순히 소득세 세율과 법인세 세율을 비교하여 법인이 유리하다고 판단해서는 안 되며, 법인의 경우 기업주가 법인으로부터 가져가는 급여나 배당에 대한 소득세까지 고려하여 법인과 기업주의 전체적인 세금을 비교하여 판단하여야 한다. 만일 법인이 그 해에 발생한 이익을 전액 기업주에게 배당한다면 사실상 법인으로 전환 시의 세부담과 개인의 세부담은 별 차이가 없을 수 있기 때문이다.

● ● **소득세와 법인세의 세율(2017년 기준)**

소득세율		법인세율	
과세표준	세율	과세표준	세율
1,200만원 이하	6%	2억원 이하	10%
1,200만원 초과~4,600만원 이하	15%		
4,600만원 초과~8,800만원 이하	24%	2억원 초과~200억원 이하	20%
8,800만원 초과~3억원 이하	35%		
1억5천만원 초과 ~ 5억원 이하	38%	200억원 초과~	22%
5억원 초과 ~	40%		

그러나 통상 개인이든 법인이든 기업을 운영하면서 새로운 설비투자, 내부 시설 개보수, 사업장 이전 등 재투자를 위해 자금을 유보시키는 경우가 많다. 그러나 개인기업의 경우에는 그 해의 소득에 대하여 전액 소득세가 과세되지만, 법인의 경우에는 일단 법인세만 과세되고 이러한 유보자금에 대해서는 급여나 배당이 이루어지지 않았기 때문에 기업주에게 즉시 소득세로 과세되지 않고 장래에 가져갈 때 과세가 된다. 결과적으로 소득세율보다는 법인세율이 유리하므로 자금을 일정부분 유보한다는 가정 하에서는 법인기업이 개인기업보다 세부담면에서 단기적으로는 유리하다고 할 수 있다. 또한 의료법인의 경우에는 비영리법인이므로 여러 가지 세제 혜택이 주어지므로 더욱 유리할 수 있다고 할 것이다. 그러나 비영리법인의 경우에는 법인세를 공제하고 난 후의 이익 처분을 생각하면, 개인병의원을 운영하는 것이 더 유리할 수도 있다. 왜냐하면 개인병의원은 세금을 공제하고 난 후의 모든 소득이 원장의 임의대로 처분이 가능하지만, 의료법인은 영리법인과는 달리 이익 배분이 불가능하므로 급여의 형태로만 이익을 가져갈 수 있기 때문이다.

그렇다고 해서 의료법인이 급여를 너무 과다하게 책정하거나 법인과 관련도 없는 친인척을 이사로 등재하여 급여를 가져가는 경우, 자칫 국가의 개입을 자초하기도 한다. 국가는 이사진을 해임시키고 관선이사를 선임할 권한을 갖는데, 이는 의료법인의 재산은 개인이 아닌 국가의 소유가 되기 때문이다.

Point 72

기타 의료법인과
개인 병의원과의 세무상 차이점

1. 납세의무자

의료법인은 의료법인의 구성원과는 독립된 별개의 인격체로, 권리의무의 주체가 된다. 따라서 의료법인 병원의 세금에 대해서는 그 구성원이 아닌 의료법인이 납세의무자가 된다. 만약 의료법인이 도산하여 의료법인의 재산으로 세금을 납부하지 못하는 경우에도, 원칙적으로 의료법인의 구성원인 이사장이 책임지지 않는다. 그러나 개인병원은 당연히 병원 원장이 납세의무자가 된다.

2. 과세대상 소득의 차이

법인의 경우 사업연도(보통 1월 1일~12월 31일) 동안 얻은 소득은 개인의 경우처럼 이자, 배당, 근로, 사업소득 등 8가지로 별도로 구분하여 계산하지 않고, 모든 소득을 합산하여 이에 대해 법인세가 과세된다. 그러나 비영리법인은 사회의 공공이익을 위한 측면이 있고, 그 구성원의 개인적인 이익을 추구할 수도 없으며, 영리사업을 하더라도 그 수익은 고유목적사업에 사용되므로 원칙적으로 법인세를 과세하지 않는 것이 바람직할 것이다.

그러나 동일한 영리사업에 대해 영리법인은 과세하고 비영리법인은 과세하지 않는다면, 비영리법인이 영리법인보다 경쟁 우위를 차지하는 등 과세형평이

침해될 소지가 있다. 따라서 세법은 일정한 영리사업에 대해서는 법인세를 과세하고 있다.

예를 들어 사회 각처로부터 성금을 받아 사회복지사업을 영위하는 사회복지법인의 경우, 모금된 성금에 대해서는 당연히 과세되지 않는다. 그러나 만약 사회복지법인의 건물 내에 남는 공간이 있어 이를 다른 자에게 임대하여 사회복지사업의 재원에 사용했다면, 그 임대사업으로 발생한 소득에 대해서는 법인세가 과세되는 것이다.

즉, 비영리법인의 경우 고유목적사업(정관상의 목적사업)에서 발생하는 수익에 대해서는 과세되지 않고, 법인세법상 일정한 수익사업을 영위했을 때에는 법인세를 과세한다.

그러나 비영리법인인 의료법인의 의료사업은 의료법인의 고유목적사업이지만 법인세법상 수익사업으로 규정되어 있어, 의료업에서 발생하는 수익에 대해 법인세가 과세되고 있다.

(다만, "노인장기요양보험법에 따른 장기요양기관" 또는 "정신보건법에 따른 정신질환자사회복귀시설 및 정신요양시설"은 수익사업에서 제외되어 법인세를 과세하지 않는다.)

3. 인건비의 비용 인정

개인기업의 경우에는 기업주 본인의 인건비가 사업상 경비로 인정되지 않고 퇴직금 역시 인정되지 않는다. 그러나 법인의 경우에는 이사장의 급여 등이 비용으로 인정되고 퇴직금 또한 비용으로 인정된다.

4. 가지급금

개인기업의 경우에는 처분가능한 이익을 기업주 마음대로 가져갈 수 있지만, 법인의 경우에는 이사장(이사 포함) 급여 이외에는 회사자금을 가져다 쓸 수 없다.

가지급금이란 통상 그 법인의 대표자 등이 회사의 자금을 빌려간 것을 말한다. 세법은 회사에 실질적인 지배력이 있는 주주 및 임원 등이 회사의 자금을 아무런 대가도 없이 가져가는 것을 방지하기 위하여, 가지급을 한 경우에는 대통령령이 정하는 고시이자율(연 6.9%) 또는 가중평균차입이자율 중 선택하여 계산한 금액을 법인의 입장에서는 이자수익으로 보고, 해당 임원의 입장에서는 동 금액을 가져간 것으로 보아 상여로 처분을 하는 규정이 있다. 실제로 이자율을 약속하고 이자를 받기로 한 경우에는 고시이자율보다 높게 책정한 경우에는 문제가 없으나, 적게 책정한 경우에는 그 차액이자금액을 상여로 본다. 이러한 상여 처분액은 근로소득으로서 종합과세대상소득이 되는 것이다.

5. 고유목적 사업 준비금

영리법인은 당해 연도 소득금액에 법인세율을 적용하여 과세되지만, 비영리법인은 공익사업을 지원하기 위해 고유목적 사업 준비금이라는 제도를 두고 있다. 공익법인이 정관상의 목적사업인 고유목적사업 또는 지정기부금으로 지출하기 위해 고유목적 사업 준비금을 비용으로 계상한 경우에는 이자소득 및 배당소득에 대해서는 100%, 그리고 의료업에서 발생한 소득금액에 대한 50%(수도권 과밀억제권역 및 광역시를 제외한 일정한 의료취약지역 등에 의료기관을 개설한 경우에는 100%)를 '고유목적 사업 준비금의 적립'이라는 형태로 비용으로 인정해주고 있다. 따라서 그 해에 얻은 이익에 대하여 그 이익의 일정비율만큼 미리 비용으로 인정받을 수 있어서 일반 영리법인에 비하여 세부담 측면에서 유리하다고 할 수 있다.

(1) 고유목적 사업 준비금의 사용

고유목적 사업 준비금은 그 취지가 고유목적사업의 재원 마련의 지원이므로, 반드시 고유목적사업 또는 지정기부금의 지출에 사용되어야 한다. 그러나 문제는 법인세법이 의료법인의 병원사업을 수익사업으로 규정하고 있어, 병원에 투자한 비용을 고유목적사업에 사용했다고 보지 않는다는 것이다. 이러한 문제를 해소하기 위해 법인세법은 다음에 정하는 고정자산을 취득하는 경우에 고유목적 사업 준비금을 사용한 것으로 보고 있다.

- 병원 건물 및 부속 토지
- 「의료기기법」에 따른 의료기기
- 「보건의료기본법」에 따른 보건의료정보의 관리를 위한 정보시스템 설비
- 법령이 정한 일정한 연구개발사업을 위하여 지출하는 금액

이 규정을 적용 받고자 하는 의료법인은 손금으로 계상한 고유목적 사업 준비금 상당액을 의료발전회계(고유목적 사업 준비금의 적립 및 지출에 관해 다른 회계와 구분하여 독립적으로 경리하는 회계)로 구분하여 경리해야 한다.

(2) 고유목적 사업 준비금의 사후관리

다음의 사유가 발생하면 고유목적 사업 준비금의 잔액을 이익으로 계상해야 하며, 세 번째 사유의 경우 이익계상 시 당초 감면받은 법인세액에 대한 이자상당액을 법인세에 가산하여 납부해야 한다.

- 해산하거나, 고유목적사업을 전부 폐지한 때
- 법인으로 보는 단체가 승인 취소되거나, 거주자로 변경된 때
- 준비금을 손금으로 계상한 사업연도 종료일 이후 5년이 되는 날까지 고유목적사업 등에 사용하지 않은 때(5년 내 사용하지 않은 잔액에 한함)

Point 73

의료법인에 대한
기타 조세지원

1. 상속세 및 증여세법상 조세지원

우리나라는 재산이 타인에게 무상으로 이전되는 경우에 상속세 또는 증여세를 부과하고 있다. 증여는 주로 증여계약에 의해 생전에 재산이 무상으로 이전되는 것이고, 상속은 피상속인의 사망이 개시됨으로써 그가 사망 당시 보유하던 재산이 상속인 등에게 이전되는 것을 말한다. 이 경우 증여되는 재산에 대해서는 증여세를 부과하고, 상속되는 재산에 대해서는 상속세를 부과한다.

"공익법인에의 재산출연"이란 비영리법인에게 재산을 무상으로 이전하는 것을 말한다. 비영리법인의 경우 재산을 타인으로부터 무상으로 이전받는 경우에는 영리법인의 경우처럼 법인세를 부담하는 것이 아니라 상속세 또는 증여세를 부담하여야 한다.

의료법인은 비영리법인이면서 동시에 상속세 및 증여세법에서 말하는 공익법인에 해당한다. 공익법인은 국가가 해야 할 사회의 공공이익을 위한 사업을 대신하여 주는 측면이 있어 공익법인에 대한 운영을 지원하고 재산출연을 적극 장려하기 위해 공익법인에 재산을 출연하는 경우에는 공익법인이 내야 할 상속세와 증여세를 면제해주고 있다. 그러나 이를 부유층의 부(富)의 무상 세습수단으로 악용하는 것을 방지하기 위해 여러 형태의 철저한 사후관리 규정을 두고 있다. 이러한 사후관리규정을 위반한 경우에는 당초 면제하여 준 상속세 및 증여세를 추징하거나 가산세를 부과하도록 하고 있다.

2. 취득세 등의 면제

「의료법」 제48조에 따라 설립된 의료법인이 의료업에 직접 사용하기 위하여 취득하는 부동산에 대해서는 2016년 12월 31일까지 취득세의 100분의 75(2017년 1월 1일부터 2018년 12월 31일까지는 100분의 50)를 경감[특별시·광역시 및 도청소재지인 시 지역에서 취득하는 부동산에 대해서는 2016년 12월 31일까지 「지방세법」 제11조 제1항의 세율에서 1천분의 15(2017년 1월 1일부터 2018년 12월 31일까지는 「지방세법」 제11조 제1항의 세율에서 1천분의 10)를 경감하는 것을 말한다]하고, 과세기준일 현재 의료업에 직접 사용하는 부동산에 대해서는 2016년 12월 31일까지 재산세(「지방세법」 제112조에 따른 부과액을 포함한다)의 100분의 75(2017년 1월 1일부터 2018년 12월 31일까지는 100분의 50)를 경감한다.

5

개원의가 알아야 할
병의원 직원관리

개 원 의 를 위 한
병 의 원 세 무
길 라 잡 이

Point 74

임금대장
꼭 작성해야 할까?

일반적으로 직원을 채용하여 병원을 운영하다 보면 가장 기본적으로 갖추어야 할 서류가 근로계약서, 임금대장, 급여명세서 등이 있으며 병원규모에 따라 취업규칙도 꼭 갖추어야 할 서류 중 하나이다.

특히 임금대장은 근로자의 임금지급에 대한 구체적인 증빙자료로 노무관리상 필요한 요소이며, 노동분쟁이 발생하는 경우 노동부에서 제일 먼저 요구되는 것이 임금대장이며, 또한 세법상의 비용처리를 위해서도 직원들에 대한 임금대장을 작성할 필요가 있다.

임금대장은 병원의 근무시간에 따라 구체적인 임금대장 항목이 달라질 수 있다.

구체적인 예시를 들어보면 다음과 같다.

1) 병원 진료시간이 09:00-18:00(주40시간)인 경우

성 명	기 본 급	식 대	합 계
홍 길 동	1,700,000	100,000	1,800,000

2) 병원 진료시간이 평일 09:00-19:00, 토요일 09:00-13:00인 경우

성 명	기본급	연장수당	토요수당	합 계
홍 길 동	1,398,420원	220,810원	180,770원	1,800,000

Point 75

직원들의 연봉보안을
어떻게 할까요?

병원의 직원들의 분포도를 보면 간호조무사, 간호사, 물리치료사, 방사선사, 원무행정 등으로 상이한 직군이 근무하고 있다. 각 직군의 경력이나 연령도 비슷하기 때문에 급여에 차이가 많이 나지 않으나 병원에서 인력 수급에 어려움이 많아 직원을 채용하는 과정에서 급여를 상이하게 책정하게 된다. 그 결과 동일한 경력과 직종임에도 급여에서 다소 차이로 인하여 직원들간 급여가 노출되는 경우 불화가 종종 발생하기 마련이다.

이러한 경우 동일한 직종 중 낮은 급여를 지급받는 직원이 급여에 불만을 품고 퇴사하거나 직원간에 갈등이 형성되어 병원업무에 지장을 초래할 수 있다.

따라서 이러한 불필요한 갈등을 해소하기 위해서는 비밀연봉제를 시행하는 것이 하나에 방법일 것이다.

병원이 비밀연봉제를 시행하기 위해서는 내부에서 급여를 산정하는 것보다 외부업체에 급여아웃소싱을 통해 급여내역에 대한 보안을 유지할 필요가 있다.

또한, 병원자문을 하는 경우 병원장이 급여명세서를 꼭 주어야 하는지에 대해 묻는 경우가 많다. 급여명세서는 근로기준법상 의무사항은 아니지만 일반 기업에서는 급여명세서를 매월 교부하는 것일 일반적이다.

급여명세서에는 각종 수당과 공제내역이 구체적으로 명시되어 있으며 직원들이 급여에 대한 궁금증을 해소시키는 하나의 방법이나 급여명세서를 직원에게 교부하는 과정에서 직원들간에 급여액 노출되어 낮은 급여를 받는 직원들의 불평불만이 발생할 수 있으니 직원들에게 교부할 때 주의하여야 하며 이러한 이유에도 비밀연봉제를 시행할 필요성이 있는 것이다.

Point 76

직원 퇴사 후 금품청산은
어떻게 해야 하나요?

병원 재직 중에 있는 직원이 갑자기 무단결근하고 연락도 되지 않아 병원에 업무차질이 발생하는 경우가 많아 종종 병원운영의 큰 고민거리 중에 하나다. 병원입장에서 직원을 근로관계를 종료하는 해고는 일정한 제약조건이 있으나 직원이 일방적으로 그만두는 경우에는 마땅히 이를 제재할 방법이 없다.

따라서 직원이 갑자기 무단결근하여 병원운영에 어려움이 발생하여 대체 직원 채용하는 과정에서 갑자기 노동부로부터 무단 결근한 직원의 급여를 지급하지 않았다는 이유로 노동부 출석요구서를 받는 경우가 있다. 이는 직원과의 근로관계가 종료되면 퇴사한 날로부터(무단결근한 날로부터) 14일 이내에 금품을 청산하여야 하기 때문에 이를 위반한 경우에 법적인 제재가 따를 수 있으므로 직원의 퇴사일로부터 14일 이내에 금품을 청산하도록 주의하여야 하며, 직원 퇴사 후 14일 이내에 청산하여야 하는 금품으로는 미지급 급여, 미지급연장수당, 퇴직금, 미사용한 연차수당 등이 있다.

Point 77

무단결근하는 직원
어떻게 할까요?

병원에서 직원이 그만두거나 갑자기 아무런 통보 없이 무단결근하는 경우가 발생하여 병원 운영에 어려움을 겪는 일을 종종 보곤 한다.

이러한 직원의 무단결근이 발생하는 경우에 어떻게 해야 하느냐고 묻는 경우가 많은데, 근로기준법에서 사업주가 직원을 해고하는 경우에는 일정한 요건과 제재가 따르나 직원 스스로 그만두는 경우에는 일정한 제재할 수 있는 제도가 없다.

따라서 병원 내부규정을 설정하여 퇴사 시 일정기간 이전에 퇴사사실을 사전에 고지하도록 명시하고, 인수인계를 위한 최소한의 필요한 기간을 설정하도록 하며, 만약 일방적인 무단결근은 사직으로 처리하지 않고 무단결근으로 처리하여 1개월간을 무단결근으로 처리하면 한달간은 급여가 지급되지 않기 때문에 퇴직금 산정 시 평균임금이 낮아져 퇴직금에 대한 불이익이 발생할 수 있을 것이다.

또한, 직원들이 급여를 지급받은 다음 날부터 출근하지 않는 경우가 많으므로 직원에 따라 급여 지급일 매월 말일, 5일, 10일 등으로 달리 설정하여 지급한다면 집단 퇴사로 인하여 병원운영이 지장을 초래할 수 있는 일을 사전에 예방할 수 있을 것이다.

Point 78

직원의 수습기간을
두는 것이 좋을까요?

병원에서 직원을 신규로 채용하는 경우 면접 시 직원에 대한 이력이나 품성 등이 적정하다고 판단하여 채용한 직원이 막상 채용하여 근무하다 보면 업무 능력이 부족하거나 직원들과 융화하지 못하는 경우, 환자에게 불친절하여 병원운영에 지장을 초래하는 경우가 많다.

따라서 직원을 채용하는 경우에는 근로계약서 및 연봉계약서에 수습기간을 설정하는 것이 좋으며 수습기간은 통상 3개월을 설정하는 경우가 많으나 병원에 사정에 따라 달리 정할 수 있다. 직원의 적정성여부를 판단하는데 3개월은 기간이 길고 한달 정도 함께 근무해보면 적정성 여부를 판단할 수 있다고 판단되는 경우에는 수습기간을 1개월 설정하는 것이 좋다.

왜냐하면 만약에 3개월에 대하여 수습기간을 설정한 경우에 직원의 부적합성이 한달만에 판단된다고 하더라도 수습기간 3개월까지는 수습계약을 종료할 수 없어 불필요한 기간 동안에도 고용관계를 유지로 인한 인건비를 부담해야 하기 때문이다.

Point 79

말썽 일으키는 직원은
어떻게 처리해야 하나요?

병원에 근무하는 직원 중 업무능력이 떨어지는 직원, 환자에게 불친절한 직원, 직원간에 불화가 유발하는 직원 등 다양한 문제가 발생하는 경우가 많다.

그렇다고 문제 있는 직원을 곧바로 해고하였다가는 오히려 근로기준법에서 명시하고 있는 해고에 대한 제한 규정에 위반되어 병원이 제재를 받는 경우가 많다.

따라서 문제 있는 직원들에 대해 대처할 수 있는 방안으로 직원 스스로 사직을 하여 고용관계를 종료시키거나 이를 거부하는 경우에는 불가피하게 법적 요건에 맞추어 해고를 시켜야 한다.

근로기준법 제 23조에서 "사용자는 근로자에게 정당한 이유 없이 해고, 휴직, 정직, 전직, 감봉, 그 밖의 징벌을 하지 못한다."라고 규정하고 있기 때문에 해고에 대하여 일정한 요건과 절차를 준수하도록 명시하고 있으므로 이에 따라야 하며 정당한 해고의 요건과 절차에 대해 검토해 보자

1. 해고의 사유

직원을 징계하기 위해서는 정당한 사유가 있어야 하며 징계 중 가장 중한 해고를 행하기 위해서는 해고의 사유가 취업규칙에 명시되어 있거나 취업규

칙에 없다고 하더라도 사회통념상 인정되는 사유가 있는 경우에는 해고의 정당성이 인정될 수 있다.

　다음은 직원에 대한 해고사유와 징계사유를 예시적으로 열거해 보면 다음과 같다.

해고 사유	1. 근무성적이 불량한 자로서 개전의 희망이 없다고 인정되는 자 2. 1년간 3회 이상의 징계처분을 받은 자 3. 법률에 의하여 공민권을 정지 또는 박탈당한 자 4. 정기 또는 수시 검진결과 취업부적격자로 판정된 자 5. 난치의 전염병질환을 가졌거나, 취업으로 병세가 악화될 우려가 있거나, 또한 진료의 치료를 게을리 하여 다른 근로자에게 전염시킬 우려가 있다고 인정되는 자 6. 신체 및 정신상 장해로 직무를 감당할 수 없다고 인정되는 자 7. 금치산자 또는 한정치산 자 8. 형사상 유죄판결을 받은 자 9. 휴직기간이 만료되고 복직되지 않은 자 10. 성명, 연령, 학력, 경력 중 주요이력과 인적사항을 은폐하거나 허위로 기재(또는 구두진술)한 자 11. 무단결근, 상사의 정당한 지시를 거부하거나 불복하여 병원의 기강을 문란하게 한 자
징계 사유	1. 사기 또는 부정한 방법으로 채용된 자 2. 경력 또는 이력을 허위로 기재한 자 3. 폭행 또는 협박으로 업무집행을 방해하거나, 질서를 문란하게 한 자 4. 고의 또는 부주의로 사고를 발생시키거나, 또는 병원의 손해를 끼친 자 5. 퇴직을 하지 않고 이직을 한 자 6. 직무상 사내외를 막론하고 병원의 신용을 실추하거나 혹은 근로자의 품위를 손상시킨 자 7. 업무상 비밀을 누설하여 병원의 손해를 끼친 자 8. 직무상 명령에 불복하거나 직무를 태만한 자 9. 정당한 이유 없이 무단결근한 자 10. 이 규칙 및 병원의 제규정을 위반한 자

2. 해고의 절차준수

징계대상 직원에 대해 징계를 하기 위해서는 취업규칙에 따른 절차에 준수해야 하며 취업규칙이 없는 경우에도 일정한 절차에 따라야 한다.

징계절차는 해당 직원에게 징계위원회의 개최사실, 일시, 장소, 소명기회부여에 대하여 고지하고 징계위원회에 개최일에 해당직원에게 소명기회를 부여하여야 한다. 직원에게 소명의 기회를 부여하고 징계위원들과 최종 결과를 통지해 주어야 하며, 징계수위 중 정직, 감봉 및 해고 등에 대하여 서면으로 통지해 주어야 하며, 특히 해고에 대해서는 서면으로 통지하도록 근로기준법에서 강행규정으로 명시하고 있기 때문에 꼭 준수해야 한다.

3. 해고예고기간

직원을 해고하기 위해서는 해고일 기준 30일 전에 해고예고를 하여야 하고 30일 전에 해고예고를 하지 않은 경우에는 30일분의 해고예고수당을 지급하여야 한다. 특히 주의할 것은 해고예고기간이 해고일 기준 하루라면 부족하면 해고예고를 한 것으로 보지 않기 때문에 해고예고기간 30일을 꼭 준수해야 한다.

다만 다음의 경우에는 해고예고를 하거나 해고예고수당을 지급할 필요는 없다.

- 일용근로자로서 3월 미만의 근로자
- 2월 이내의 기간을 정하여 사용된 자
- 계절적 업무에 6월 이내의 기간을 정하여 사용된 자
- 수습 근무 중인 근로자

징계위원회 출석통지서

인 적 사 항	① 성명		② 소 속	
			③ 직위(급)	
	④ 주소			

⑤ 출석이유	
⑥ 출석일시	년 월 일 시 분
⑦ 출석장소	

유의사항	1. 사정에 의하여 서면진술을 하고자 할 때에는 징계위원회 개최일 전일까지 도착하도록 진술서를 제출할 것. 2. 정당한 사유서를 제출하지 아니하고 지정된 일시에 출석하지 아니하고, 서면진술서를 제출하지 아니하는 경우에는 진술할 의사가 없는 것으로 인정 처리한다.

취업규칙의 규정에 따라 위와 같이 귀하의 출석을 통지합니다.

년   월   일

우리병원 (직인)

Point 80

퇴직금은 어떻게
지급해야 할까요?

직원이 병원에서 1년 이상 근무하는 경우에는 1개월분의 퇴직금을 지급하여 하며 퇴직금은 퇴사일로부터 14일 이내에 지급하여야 한다.

1. 퇴직금의 범위

퇴직금은 퇴사직전 3개월 동안 지급된 급여를 평균하여 퇴직금을 산정하는데 산정기준이 되는 평균임금은 퇴사직전 3개월 동안에 지급된 기본급 뿐만 아니라 연장수당, 식대, 차량유지비, 각종 금전은 퇴직금 산정에 포함되며, 상여금이나 명절에 지급한 떡값도 정기적으로 지급하였다면 퇴직금에 포함된다. 다만 근로에 대한 대가가 아닌 은혜적인 보상으로 지급된 경조비나 학자금, 실비적 성격인 피복비(작업복) 등은 퇴직금산정 기준에서 제외된다는 점을 유의해야 한다.

2. 퇴직금 지급유형

퇴직금 지급유형은 퇴사 시 근무기간에 대해 퇴직금을 지급하는 방식과 퇴직연금에 가입하는 방식 두 가지 형태가 병존한다.

병원의 특성에 따라 퇴사 시 퇴직금을 지급하거나 아니면 퇴직연금에 가입하여 퇴직금을 정산하여 방법을 고려해야 한다.

일반적으로 병원직원의 근속기간이 짧은 경우에는 퇴사 시 퇴직금을 지급하는 방식을 선택하는 것이 좋으며, 근무기간이 긴 경우에는 병원의 재정부담을 고려하여 퇴직연금에 가입하는 것이 좋다.

또한 예전에는 퇴직금 지급방식을 매월 지급하거나 1년에 한차례 퇴직금 중간정산하는 방식으로 퇴직금을 지급하는 경우가 많았으나 2012년 7월 26일부터 퇴직금 중간정산이 금지되었으며 다음의 경우에는 예외적으로 퇴직금 중간정산이 가능하다.

1. 무주택자인 근로자가 본인 명의로 주택을 구입하는 경우 (내 명의의 주택이 없으므로 가능. 공동명의로 주택을 구매하는 경우도 가능)
2. 무주택자인 근로자가 주거를 목적으로 전세금 또는 보증금을 부담하는 경우
   ※ 이 경우 근로자가 하나의 사업 또는 사업장에 근로하는 동안 1회로 한정한다.
3. 근로자, 근로자의 배우자 또는 근로자 또는 근로자의 배우자와 생계를 같이하는 부양가족이 질병 또는 부상으로 6개월 이상 요양을 하는 경우
4. 퇴직금 중간정산을 신청하는 날부터 역산하여 5년 이내에 근로자가 「채무자 회생 및 파산에 관한 법률」에 따라 파산선고를 받은 경우
5. 퇴직금 중간정산을 신청하는 날부터 역산하여 5년 이내에 근로자가 「채무자 회생 및 파산에 관한 법률」에 따라 개인회생절차개시 결정을 받은 경우
6. 임금피크제를 실시하여 임금이 줄어드는 경우
7. 그 밖에 천재지변 등으로 피해를 입는 등 다음의 사유와 요건에 해당하는 경우
   가. 천재지변 등: 태풍, 홍수, 호우, 강풍, 풍랑, 해일, 조수, 대설, 낙뢰, 가뭄, 지진(지진해일을 포함합니다), 그 밖에 이에 준하는 자연현상으로 인하여 발생하는 재해
   나. 가입자 또는 부양가족이 입은 피해의 기준

Point 81

직원을
퇴사시킬 방법은?

    보통 병원에서 사직서라는 것을 받는 경우가 있는데 직원이 스스로 병원을 그만두는 경우에 제출하는 사직서가 있고 병원에서 직원에게 사직을 종용하여 사직서를 제출하는 소위 권고사직이 있다.

    직원이 스스로 병원을 그만두는 사직은 실업급여의 대상에 해당되지 않으나, 병원에서 직원에게 해고 대신에 퇴직을 권유하는 통상 권고사직은 실업급여 수급대상이 된다. 따라서 직원이 사직하는 경우에 사직원인에 대한 분쟁을 예방하기 위해서는 사직서에 사직사유를 명시하여야 하며, 통상 직원 스스로 사직하였음에도 추후에 사직사유를 권고사직으로 수정해달라는 직원들의 부탁이 많으며 대수롭지 않게 생각하고 개인적인 사직을 권고사직으로 변경하는 경우 실업급여에 대한 부정수급이 되어 해당 직원 뿐만 아니라 병원도 분쟁에 휘말릴 수 있으니 주의해야 한다.

    또한, 직원이 병원을 그만두는 경우에 사직서를 꼭 받아두어야 하는 이유는 해고에 대한 분쟁이다. 직원 스스로 그만두었음에도 추후 해고를 당하였다고 노동부에 진정서를 제출하여 해고예고수당(1개월분의 급여)을 요구하거나 관할 지방노동위원회에 부당해고신청을 하는 경우 이에 출석하여 소명을 하여야 하기 때문에 골치 아픈 일에 휘말릴 수 있는 점을 고려하여 사직서를 꼭 받아두어야 함을 유념하여야 하며 아래에 사직서 양식을 참고하면 좋을 것이다.

사 직 서

담 당	원무과장	병원장

소 속		직 위	
성 명		주민등록번호	
입 사 일 자		퇴직예정일자	
직 무 명			

퇴 직 사 유	□ 정 년　　□ 전 직　　□ 개인신병　　□ 진 학
	□ 결 혼　　□ 가 사　　□ 권 고　　□ 기 타 (　　　)

퇴 직 후 연 락 처	주 소	
	전 화 번 호	

본인은 상기와 같은 내용으로 퇴직하고자 하오니 허락하여 주시기 바랍니다. 아울러 퇴직에 따른 아래 조항을 성실히 준수할 것을 서약합니다.

- 준 수 사 항 -

① 본인은 퇴직에 따른 사무 인수인계를 철저히 하여 퇴사 시까지 직무책임과 의무를 완수합니다.
② 재직 시 업무상 지득한 회사의 제반 비밀사항을 타인에게 일체 누설하지 않겠습니다.
③ 차용금, 지급공구 및 비품, 의료보험카드, 명찰, 근무복, 기타 회사비품 등 반환물품 (금품)은 퇴직일 전일까지 반환하겠습니다.
④ 기타 회사와 관련한 제반 사항은 병원규정에 의거 퇴직일 전일까지 처리하겠습니다.
⑤ 만일 본인이 상기 사항을 위반하였을 때에는 이유 여하를 막론하고 서약에 의거 민ㅁ형사상의 책임과 손해배상 의무를 지겠습니다.

년　　　월　　　일

신청인 :　　　　　　(인)

우리병원 귀하

Point 82

우리병원에 적용되는
법적사항은 무엇일까요?

근로기준법에서는 병원의 규모에 따라 의무적으로 적용되는 사항을 달리하고 있는데 병원의 규모에 따라 준수해야 할 항목과 구체적인 내용을 보면 다음과 같다.

병원 규모	사업주 준수사항	구체적 내용
5인 이하	근로계약서 작성	근로계약서를 작성하고 근로자에게 1부를 교부해야 함.
	임금대장작성	매월 임금대장을 작성하여야 함.
	근로자명부 작성	성명, 성별, 근무직종에 대하여 기재하여야 함.
	퇴직금 지급의무	1인 이상 근로자를 채용하는 사업주는 1년의 근로에 대해 30일분의 퇴직금을 지급하여야 함.
	해고예고 및 수당	30일 전 해고를 예고하거나 30일분의 해고예고수당을 지급하여야 함.
	직장내 성희롱교육	매년마다 성희롱교육을 실시하여야 함.
	4대보험 가입의무	월 60시간 이상의 근무하는 직원은 4대보험에 가입하여야 함.
	건강검진 실시	최초 입사 시 건강검진을 실시하여야 함.
	최저임금 준수의무	매년 고시되는 최저임금을 준수하여야 함.

병원 규모	사업주 준수사항	구체적 내용
5인 이상	연차휴가	근무기간 1년에 대해 15일의 연차휴가를 부여하거나 1년 미만자는 1개월 만근 시 매월 1일의 연차휴가를 부여하여야 함.
	해고의 제한	직원을 정당한 이유 없이 해고할 수 없으며 이를 위반한 때에는 일정한 제재가 따름.
	연장수당 할증지급 의무	직원이 주 40시간을 초과하는 연장근로에 대해 50%를 할증하여 연장수당을 지급해야 함.
	야간수당 및 휴일수당지급 의무	직원이 오후 10시부터 익일 06시 사이에 근로한 경우 50%를 가산한 야간수당과 휴일근로에 대하여 50%를 가산한 휴일수당을 지급해야 함.
10인 이상	취업규칙 작성 및 신고의무	직원의 수가 10인 이상인 병원은 취업규칙을 작성하고 과반수 직원들의 의견을 청취하여 노동부에 신고하여야 함.
30인 이상	노사협의회 작성 및 신고의무	30인 이상을 채용한 사업주는 노사협의회규정을 작성하고 노동부에 신고하여야 함.

Point 83

4대보험 절약하는 방법은 무엇일까요?

병원들이 예전에는 4대보험료의 병원부담분 뿐만 아니라 근로자의 부담분까지 병원에 지급하는 경우가 많았으며 지금도 의원급에서는 소위 넷트제를 시행하면서 병원에서 4대보험료 전액을 지급하는 경우가 많다.

그러나 4대보험 중 국민연금보험료는 급여액 기준(근로자부담분 4.5%, 병원부담분 4.5%) 9%와 건강보험료는 급여액 기준(근로자부담분 3.06%, 병원부담분 3.06%) 6.12%에 해당하며 국민연금과 건강보험료만 합산하여도 15.07%를 부담하여야 하기 때문에 병원운영에 상당한 부담으로 작용하는 경우가 많다. 따라서 4대보험료는 직원부담분은 직원에게 납부하게 하고 병원은 병원부담분만 납부하는 것이 좋으며, 또한 4대보험료의 부담을 줄이는 방안은 급여 중 식대 10만원과 직원이 소유의 차량을 병원운영에 사용한다면 차량유지비로 20만원을 책정하는 경우에 30만원의 세법상의 비과세 뿐만 아니라, 4대보험료 보수월액도 30만원을 제한 금액만을 기준으로 보수월액을 산정하기 때문에 보험료 부담이 줄게 된다.

또한, 4대보험료 중 국민연금과 건강보험은 매월 1일을 기준으로 보험료를 부과하기 때문에 될 수 있으면 신규직원을 채용할 때 매월 1일 이후에 직원을 채용하는 것도 보험료 부담을 줄이는 하나의 방법일 것이다.

Point 84

연차휴가 15일
꼭 주어야 할까요?

일반적으로 종합병원급에 해당하는 병원은 많은 직원이 근무하기 때문에 직원에게 연차휴가를 부여하여도 다른 근무자가 휴가자의 업무를 대체하여도 병원진료에 어려움이 없다. 그러나 의원급의 소규모 병원은 직원 중 일부가 연차휴가를 사용하여 휴가를 간 경우에 대체인력이 없어 병원진료에 지장을 초래할 정도로 어려움이 많은 것이 현실이다.

그렇다면 연차휴가는 꼭 주어야 하는가? 결론적으로 말하면 연차휴가는 근로기준법 제60조에서 규정하고 있기 때문에 근무기간 1년에 대하여 15일의 연차휴가를 주어야 하며, 1년 미만의 직원에 대해서도 1개월 만근 시 1일의 연차휴가를 주어야 한다.

그렇다면 의원급 소규모 병원에서는 연차휴가 부여가 어려운 것이 현실인데 국경일 및 하계휴가 등을 연차휴가로 대체하는 것도 하나의 방안을 고려해 볼 만하다. 상식적으로 국경일을 당연히 휴무하는 휴일로 생각하고 있는 경우가 많으나 국경일은 관공서에 휴무일, 즉 공무원들의 휴무일이고 병원에서 국경일을 휴무일로 정할 것인지 여부는 자율에 맡겨져 있다. 따라서 이 경우에 국경일 및 하계휴가를 연차로 대체하기 위해서는 취업규칙에 국경일이 정휴일로 지정되어 있지 않은 경우에는 국경일을 연차휴가로 대체할 수 있는 것이다. 물론 국경일에 병원진료를 하지 않고 휴무한 경우에 한하여 적용될 수 있다.

Point 85

일용직에게
적용되는 것들은?

병원에서 필요에 따라 일용직 또는 아르바이트를 채용하는 경우 해당 직원의 근무시간이 주당 15시간 이상 월 60시간 이상 근무한 직원에 대하서는 다음과 같은 근로기준법이 적용되는 점을 유의해야 한다.

1. 근로계약서 작성 및 교부

사업주는 단시간 근로자를 고용할 경우 임금, 근로시간, 그 밖의 근로조건을 명확히 적은 근로계약서를 작성하여 직원에게 주어야 한다.

2. 연장수당지급

사업주는 단시간 근로자를 소정 근로일이 아닌 날에 근로시키거나 소정근로시간을 초과하여 근로시키고자 할 경우에는 근로계약서나 취업규칙 등에 근 내용 및 정도를 명시하여야 하며, 초과근로에 대해서 가산임금을 지급하기로 한 경우에는 그 지급률을 명시하여야 한다.

일용근로자의 표준근로계약서를 보면 다음과 같다.

일용직 근로계약서

우리병원 (이하 "갑"이라 함)과 _____ (이하 "을"이라 함)은 다음과 같이 일용직 근로계약을 체결한다.

1. 근로계약기간 : _____ 년 ___ 월 ___ 일부터 _____ 년 ___ 월 ___ 일까지
2. 근 무 장 소 :
3. 업무의 내용(직종) :
4. 근로시간 : __ 시 __ 분부터 __ 시 __ 분까지(휴게시간 : __ 시 __ 분 ~ ___ 시 __ 분)
5. 근무일/휴일 : 매주 ____ 일(또는 매일단위)근무, 주휴일 매주 ____ 요일
6. 임 금
   - 일급 : _____ 원 (해당사항에 ○표)
   - 기타 제수당(시간외·야간·휴일근로수당 등) : _____ 원
   - 임금지급일 : (매주 또는 매일) _____ 일
   - 지급방법 : 을에게 직접지급 (   ), 예금통장에 입금 (   )
7. 연차유급휴가
   - 연차유급휴가는 근로기준법에서 정하는 바에 따라 부여함.
8. 근로계약서 교부
   - "갑"은 근로계약을 체결함과 동시에 본 계약서를 사본하여 "을의 교부요구와 관계없이 "을"에게 교부함.
9. 기 타
   - 이 계약에 정함이 없는 사항은 근로기준법령에 의함.

                      년   월   일

(갑) 사업체명 :   (전화 :   )
     주   소 :
     대 표 자 :   (서명)

(을) 주   소 :
     연 락 처 :
     성   명 :   (서명)

3. 주휴수당

일용직 직원의 근로시간이 주 15시간 이상, 월 60시간 이상이며 근로기준법 제55조에서 명시하고 있는 주휴수당을 부여해야 하며 이는 주휴일에 휴무하여도 유급휴일을 부여해야 한다는 의미이다.

4. 연차휴가 부여

연차휴가는 단시간 근로자는 정규직 직원보다 근무시간 작기 때문에 정규직과 동일하게 연차휴가를 부여할 필요는 없지만 근무시간에 비례하여 연차휴가를 주어야 한다.

$$
정식근로자\ 연차일수(15일) \times \frac{단시간근로자\ 소정근무시간}{통상\ 근로자\ 소정근무시간} \times 8시간
$$

5. 단시간 근로자 취업규칙 작성

일용직 및 아르바이트 등 단시간 근로자에 대해서도 정규직 직원의 취업규칙이 적용되며 다만, 단시간 근로자에게 적용되는 취업규칙을 별도로 작성하여 노동부에 신고 절차를 이행한 후에 달리 운영할 수 있다.

Point 86

넷트제 임금 방식
문제 없나요?

병원에서 직원을 채용할 때 연봉이나 월급개념으로 급여를 책정하는 것이 아니라 소위 넷트제(실수령액 기준)로 급여를 책정하는 경우가 많다.

그런 이유로 지금까지 병원에서 4대보험료와 세금을 대신 납부해 주던 것이 관행이었고, 직원들도 입사 시 희망급여를 이야기 할 때 실수령 기준으로 원하는 급여를 요구하는 경우가 많아 나타난 하나의 급여방식이다. 그러나 넷트제 임금 방식은 여러 가지 부작용을 발생시킨다.

첫째, 퇴직금 지급에 있어 지급액 기준이 문제된다.

예를 들어 실수령액으로 150만원을 지급받는 직원은 4대보험 공제전 금액은 165만원이라고 가정한다면 직원이 1년을 근무하다 퇴사하는 경우에 퇴직금을 150만원을 기준으로 지급해야 하는가 아니면 165만원을 기준으로 지급해야 하는가이다.

결론부터 말하면 퇴직금은 165만원을 기준으로 지급하여야 한다. 왜냐하면 퇴직금은 4대보험을 공제하기 전 금액으로 산정하기 때문이다. 이러한 경우 직원과 퇴직금 기준금액 문제로 분쟁이 발생할 수 있다.

둘째, 4대보험료 추징 및 반환을 받는 주체에 대한 논쟁이다.

예를 들어 150만원을 실수령하는 직원에 대해 병원에서 15만원 가량의 4대 보험료를 납부한 경우 1년마다 보수총액신고를 한 후 전년도 급여를 150만원을 기준으로 신고하였으나 중간에 급여가 인상되어 160만원을 수령한 경우 보수총액을 정산하면 급여인상액 만큼 보험료가 증가되는데 일반적인 회사에서는 추가 납부할 보험료는 직원이 부담하나 넷트제 임금 방식에서는 추가 납부할 보험료는 병원이 부담해야 하는 문제가 발생할 수 있다.

셋째, 갑근세 및 주민세를 환급받는 주체에 대한 문제이다.

병원이 넷트제 임금방식인 경우 갑근세와 주민세를 병원에서 부담하고 있는데 연말정산을 하는 경우에 주로 세금을 추가 납부한 것 보다 반환되는 경우가 많으며 이 경우 반환을 받는 주체가 누가인가에 대해 분쟁이 발생할 수 있다. 직원의 경우 자신이 연말정산관련 자료를 제출하여 반환이 발생하였으므로 당연히 자신이 반환받아야 한다고 주장하고, 병원은 세금을 병원에서 부담하였으니 반환을 받는 것도 당연히 병원이어야 한다고 주장하는 분쟁이 끊이지 않는다. 따라서 이러한 분쟁을 예방할 수 있는 방법은 급여방식을 넷트제가 아닌 연봉제나 월급제를 시행하는 것이다.

근로계약서를
어떻게 작성해야 할까요?

일반적으로 직원을 채용할 때 근로계약서를 작성해야 한다는 것은 상식적으로 잘 알고 있음에도 업무가 바쁘다는 이유로 근로계약서 작성을 놓치는 경우가 많다. 그러나 근로계약서를 작성하지 않은 경우에는 근로기준법 17조의 위반으로 500만원 이하의 벌금이라는 법적 제재를 받을 수 있다.

그렇다면 근로계약서에는 어떤 내용이 포함되어 있어야 할까? 근로계약서에는 의무적으로 임금의 구성항목, 계산방법, 근로시간, 업무내용, 휴일 및 휴게, 연차휴가 등을 명시하여야 한다.

또한, 일용직 및 아르바이트 직원에 대해서도 근로계약서를 작성하여야 함에도 일용직이라는 이유로 근로계약서를 작성하지 않은 경우가 많은데 이 또한 제재의 대상이며, 최근에는 일용직, 아르바이트 직원에 대한 근로계약서 작성 여부에 대한 노동부의 집중 점검이 있으므로 꼭 주의하여야 한다. 예시로 정규직 근로계약서를 보면 다음과 같다.

연 봉 계 약 서

우리병원 (이하 "갑"이라 한다)과 **홍 길 동** (이하 "을"이라 한다)은 다음과 같이 연봉계약을 체결하고 상호간에 성실히 이행할 것을 확약한다.

제1조 (계약의 목적)

"갑"은 병원의 업무수행을 위해 "을"을 고용하여 아래 제5조에서 정한 연봉을 지급하고, "을"은 "갑"을 위하여 근로를 제공함에 있어 이에 관한 의무를 규정함을 목적으로 한다.

────────────── 중 간 생 략 ──────────────

제5조 (임금조건)

1) 계약기간 중 "을"의 연봉은 **금 23,542,200 원**으로 하며, 임금내역은 다음과 같다.

항목	임금산정내역	월지급내역	연봉지급액	비고
기본급	209hr×6,741원	1,408,870	16,906,440	
연장수당	33hr×6,741원	222,680	2,672,160	
토요수당	39hr×6,741원	262,890	3,154,680	
연차수당	10hr×6,741원	67,410	808,920	
합계		1,961,850	23,542,200	

2) "을"의 임금으로 **금 1,961,850 원**을 매월 지급하며, 기타 지급시기 및 방법은 "갑"의 취업규칙과 제규정에 따른다.

────────────── 중 간 생 략 ──────────────

20   년   월   일

"갑" 우리병원   원 장 :   (인)

"을"   성 명 :   (인)

주민등록번호 :

Point 88

실업급여를 받으면
병원에 불이익은 없을까요?

병원을 운영하다 보면 병원에 부적합한 직원이 있기 마련인데 이러한 직원과 고용관계를 정리하는 과정에서 징계절차를 거쳐 직원을 해고하기가 절차상 번거롭기 때문에 주로 사직을 권하면서 퇴사시키는 경우가 많다. 이러한 경우를 권고사직이라고 하며 사직과 달리 권고사직은 실업급여를 지급받을 수 있는 요건에 해당한다.

다만, 실제로 직원 스스로 사직한 것임에도 직원들의 부탁을 거절하지 못하고 고용보험 상실사유를 권고사직으로 처리하는 경우 실업급여 부정수급에 해당하여 지급받은 금액의 5배와 형사고발을 당할 수도 있어 유의하여야 하며, 근로자의 고용보험 상실사유를 착오에 의한 정정의 경우에도 과태료 처분을 받을 수 있으니 특히 주의해야 한다.

실업급여의 요건을 보면 다음과 같다.

실업급여 대상

1. 실업급여 수급요건

첫째, 실업이전 18개월 동안에 피보험기간을 통산하여 180일 이상을 근무하여야 함.

둘째, 근로자의 근로의사와 능력이 있음에도 불구하고 취업하지 못한 상태이어야 함.

셋째, 근로자의 이직사유가 수급자격의 제한사유에 해당하지 않아야 함.

2. 실업급여 대상이 되는 경우

(1) 권고 사직한 경우

(2) 질병에 의한 사직한 경우

(3) 근로계약기간이 만료된 경우

(4) 거주지 이전으로 사직하는 경우(왕복 소요시간이 3시간 이상 소요되는 경우)

3. 실업급여 대상이 되지 않는 경우

(1) 근로자 스스로 사직하는 경우

(2) 형법 또는 직무와 관련된 법률을 위반하여 금고 이상의 형을 선고받고 해고된 경우

(3) 공금횡령, 회사기밀누설, 기물파괴 등으로 회사에 막대한 재산상의 손해를 끼쳐 해고된 경우

(4) 정당한 사유 없이 장기간 무단결근하여 해고된 경우

Point 89

우리 병원은
법정수당 문제 없나요?

　현재 대학병원과 종합병원 등은 근로시간은 1일 8시간 주 40시간으로 병원을 운영하고 있으나 소규모의 병의원에서는 진료시간이 1일 8시간 주40시간을 초과하여 병원을 운영하는 경우가 많다.

　그렇다면 1일 8시간, 주40시간을 초과하는 근무시간에 대해 연장수당을 지급해야 하는 것일까?

예시 | 연장수당

간호무사 갑은 월 175만원의 급여를 받고 있으며 병원근무시간은 평일 09:00-19:00, 휴게시간 12:00-13:00, 토요일 09:00-13:00까지인 경우 연장근로 수당을 산정해 보면

- 기본시간 40 + 8(주휴일) = 48시간 × 52주/12 = 209시간
- 연장시간 1일 1시간 × 5일(평일) + 4시간(토요일)

  = 9시간 × 52주/12 = 39시간(월 연장 근무시간)
- 175만원/209시간=8,373원 × 39시간 × 1.5=489,820원
- 기본급 1,750,000원

  연장수당 489,820원

  합계 2,239,820원

따라서 간호조무사 갑의 월 연장근무시간은 39시간이고, 시급 8,373원을 기준으로 연장수당을 지급할 때 489,820원을 추가 지급해야 하며, 이는 병원의 인력비 추가부담을 작용할 것이다 .

그러므로 최초 입사시에 연장근무에 대한 수당을 포괄하는 포괄임금제를 시행한다면 이러한 문제점을 해결할 수 있을 것이다.

예시 | 포괄임금제를 적용한 경우라면

- 기본시간 209시간에 연장시간 59시간을 합산하면 총 근로시간은 268시간이므로 1,750,000/268시간=6,529원이 시급
- 기본급 209×6,529원=1,364,660원
- 연장수당 59시간×6,529원= 385,340원으로 **합계 1,750,000원**

으로 추가 부담 없이 연장수당을 지급한 것이기 때문에 포괄임금제 시행을 적극 검토해 볼 필요가 있다.

Point 90

육아휴직은
꼭 부여해야 할까요?

병원에 근무하는 직원들의 대다수가 미혼이거나 갓 결혼한 기혼여성이 많기 때문에 출산휴가 후 육아휴직을 사용하는 경우가 많다. 직원이 육아휴직을 신청하는 경우 이를 법률상 거부할 수 없으며 병원에서 직원들의 복지차원에서 육아휴직을 사용하는 병원들이 늘고 있는 추세다. 그렇다면 육아휴직을 신청하는 경우 직원에 대한 지원제도와 병원에 대한 지원제도에 대해 구체적으로 알아 둘 필요가 있다.

(1) 육아휴직요건

직원이 8세 이하 또는 초등학교 2학년 이하의 자녀를 양육하기 위해 신청하는 경우 가능하다.

(2) 육아휴직기간

육아휴직기간은 1년 이내이며 자녀 1명당 1년 사용가능하므로 자녀가 2명인 경우에는 각각 1년씩 2년이 가능하다.

(3) 지급대상

사업주로부터 30일 이상 육아휴직을 부여받아야 하며, 육아휴직 개시일 이전에 피보험단위기간이 모두 합해서 180일 이상이어야 한다.

(4) 지급액

육아휴직 기간 동안 매월 통상임금의 100분의 40을 육아휴직급여로 지급하고(상한액: 월 100만원, 하한액: 월 50만원) 육아휴직급여액 중 일부(100분의 15)를 직장복귀 6개월 후에 합산하여 일시불로 지급한다.

(5) 신청시기

육아휴직을 시작한 날 이후 1개월부터 매월 단위로 신청하되, 당월 중에 실시한 육아휴직에 대한 급여의 지급신청은 다음달 말일까지 해야 한다.

(6) 사업주의 필요조치사항

● 사업주는 직원이 소정요건을 갖추고 육아휴직을 신청하면 반드시 이를 허용해야 한다.
● 사업주는 육아휴직을 마친 후에는 휴직전과 동일한 업무 또는 동등한 수준의 임금을 지급하는 직무에 직원을 복귀시켜야 한다.
● 사업주는 육아휴직기간 동안 임금을 지급할 법적 의무가 없다.

(7) 육아휴직에 따른 사업주 지원제도

● 고용보험 피보험자인 근로자에게 육아휴직을 30일 이상 허용하고 육아휴직어 끝난 후 30일 이상 계속 고용하는 사업주에게 육아휴직 직원 1인당 월 20만원을 지원한다.
● 출산전후휴가, 유산·사산휴가, 육아휴직 등의 시작일 전 30일이 되는 날 이후 대체인력을 고용하여 30일 이상 계속 고용하고, 출산전후휴가 유산·사산휴가, 육아휴직 등이 끝난 후 당해 근로자를 30일 이상 계속 고용하는 경우 월 60만원의 대체인력지원금을 추가로 지원한다.
※ 다만, 새로 대체인력을 고용하기 전 3개월부터 고용 후 6개월까지 고용조정으로 다른 직원을 이직시키지 않아야 함.

Point 91

출산휴가를
꼭 주어야 할까요?

병원의 경우 근무자의 80% 이상이 여성이고 미혼여성이 많기 때문에 결혼 후 자녀출산 등으로 병원에 출산휴가가 필요하지만 병원입장에서는 대체인력에 대한 문제로 부담을 느끼는 것이 사실이다.

그러나 산전후휴가는 근로기준법 및 모성보호에 관한 법률에서 명시하고 있기 때문에 임신 중인 여성은 출산을 위해 산전후휴가를 신청할 권리가 있으며 병원을 이를 거부할 수 없고, 산전후 휴가 중인 직원을 해고할 수 없도록 근로기준법 제23조에서 규정하고 있다.

병원에서 산전후휴가를 거부할 수 없다면 산전후휴가제도에 제대로 알고 시행할 필요가 있다.

1. 요건

산전후휴가는 자녀를 출산한 직원에게 적용되나 유산이나 사산한 경우에도 적용된다.

자녀를 출산한 경우에는 90일의 산전후휴가가 부여되나 임신기간이 16주 이상 21주 이내인 경우에는 유산 또는 사산한 날로부터 30일의 산전후휴가를 주어야 하고, 임신기간이 22주 이상 27주 이내인 경우에는 유산 또는 사산한 날로부터 60일의 산전후휴가를 주어야 하고, 임신기간이 28주 이상인 경우에는 유산 또는 사산한 날로부터 90일의 산전후휴가를 주어야 한다.

2. 절차

산전후휴가를 사용한 날로부터 1개월이 경과하면 신청할 수 있으나 실제로 고용보험에서 자녀 출산 후에 병원에서 발급받은 출생확인서를 요청하기 때문에 1개월이 경과하였더라도 자녀출산을 하지 않은 경우 자녀출산일 이후에 신청하는 것이 좋다.

3. 지원범위

먼저 고용보험에서 지원해 주는 범위를 보면 산전후휴가 중인 직원에게 통상임금을 기준으로 150만원씩 3개월 지급해 준다.

따라서 기본급이 165만원 지급 받는 간호조무사의 경우 고용보험에서는 150만원씩 3개월을 지급하며 병원에서는 통상임금의 차액 15만원씩 2개월을 지급하여야 한다.

여기에서 주의할 것은 연장근무에 대한 연장수당 및 각종 특근수당등 주 40시간 이상을 근무하여 발생하는 법정수당에 대해서는 병원이 산전후휴가 동안에 지급할 의무가 없다.

4. 각종 보험료 납부 문제

직원이 산전후휴가 중인 경우에 4대보험은 어떻게 처리할 것인가? 국민연금은 산전후휴가 중이라면 납부예외를 신청하여 보험료를 납부하지 않을 수 있으나 건강보험은 납부예외가 되지 않기 때문에 보험료를 납부하여야 하고 다만, 산전후휴가 기간에는 급여가 발생하지 않았기 때문에 그 기간만큼 보험료를 정산받기 때문에 실제로 산전후휴가기간 동안 건강보험료를 납부하지 않은 것과 동일하다.

Point 92

병원에서 국경일에
꼭 휴무해야 하나요?

가끔 병원에서 국경일에 대하여 꼭 휴무를 해야 하는지 휴무하지 않으면 할증하여 휴일수당을 지급하여야 하는지에 관해 질의하는 경우가 많다.

그러나 국경일은 관공서의 휴무일로 근로기준법에서 국경일을 의무 휴무일로 정하고 있지 않다. 근로기준법에서 법정휴일로서 의무적으로 휴무하거나 휴무하지 않을 경우에는 휴일수당을 지급하도록 명시하고 있는 것은 근로자의 날과 주휴일(일요일)에 대해서만 규정하고 있다. 따라서 취업규칙에 국경일을 휴무일로 지정하지 않고 있다면 국경일은 관공서의 휴무일 뿐 병원의 휴무일에 해당하지 않으므로 국경일에 근무를 하였다고 하여 별도의 휴일수당을 지급할 의무는 없다.

> **노동부유권해석 (근기 01254-7863)**
>
> 국경일, 공휴일, 하기휴가 등은 근로기준법상 휴일이 아니므로 적치한 연월차휴가에서 사용할 것인지 또는 별도로 실시할 것인지 여부는 노사간 자율적으로 결정할 사항임.

Point 93

급여인상을 매년
꼭 해주어야 하나요?

병원의 경우 직원이 입사한 날로부터 1년이 지나면 급여를 인상해주는 것이 관행처럼 이루어지고 있는데 꼭 급여를 인상해 주는 것이 의무인지 묻는 질문을 자주 받는다.

결론적으로 말하면 급여인상은 의무사항이 아니므로 병원장이 인상여부를 결정할 수 있으며 인상해 준다고 하더라도 인상률도 자율적으로 결정할 수 있다.

다만, 직원의 급여가 최저임금에 미달하는 경우에는 최저임금액 만큼은 꼭 인상되어야 하며 최저임금은 매년 최저임금심의위원회에서 결정되며 최저임금은 기본급을 기준으로 하고 있으므로 직원의 기본급이 최저임금에 미달하는지 여부를 꼭 점검할 필요가 있다.

Point 94

상여금, 명절떡값
꼭 지급해야 하나요?

직원들에게 상여금이나 명절떡값은 꼭 주어야 하는지에 대하여 묻는 경우가 있다.

상여금은 근로기준법에 특별히 명시되어 있지 않기 때문에 임의사항이므로 사업주의 자율에 맡겨져 있으므로 꼭 지급할 의무는 없으나 다음의 경우에는 의무사항이 될 수 있다.

- 취업규칙에 상여금 지급에 대하여 명시하고 경우
- 근로계약서에 상여금 지급에 대하여 명시하고 있는 경우
- 관행적으로 상여금을 지급하고 있는 경우

그렇다면 직원에 따라 상여금을 차등하여 지급하거나 아니면 어떤 직원에 대해서는 지급하지 않는 등 사업주가 선택적으로 지급해도 되는지에 대한 의문이 생긴다.

결론부터 말하자면 상여금에 대하여 지급률 및 지급액을 달리할 수 있으나 전체직원 중 일부 직원만 상여금 지급을 배제하는 것을 문제가 될 수 있다.

다만, 회사 취업규칙으로 1년 이상 근무자에 한하여 지급한다는 규정을 명시되어 있어 1년 이상 근무자에게만 상여금을 지급하는 것은 법률상 문제가 없을 것이다.

Point 95

최저임금을
매년 숙지하라!

최저임금은 매년마다 최저임금심의위원회에서 최저임금을 고시하는데 2016년은 6,030원이고, 2017년은 6,470원으로 확정 고시되었으므로 월급직 뿐만 아니라 일용직 및 아르바이트를 채용하는 경우에도 최저임금 이상의 급여를 지급해야 한다.

그런데 병의원에서 최저임금 이상의 급여를 지급하면서 급여를 각종 법정수당 및 각종수당으로 나누어 최저임금에 미달하는 경우가 발생하는 것을 종종 볼 수 있다.

예를 들어 직원에게 월 165만원의 지급하고 근무시간은 평일 09:00-18:30, 토요일 09:00-12:00인 이라고 가정한다면

예시 1		예시 2	
기본급	1,115,020원	기본급	1,362,890원
직책수당	200,000원	연장수당	110,860원
연장수당	90,700원	휴일수당	176,250원
휴일수당	144,280원		
식대	100,000원		
합계	1,650,000원	합계	1,650,000원

예시1과 예시2는 동일한 급여를 주었음에도 불구하고 예시1의 경우에는 최저임금법 위반에 해당한다. 왜냐하면 예시1은 기본근로시간 209시간을 기준으로 시급을 산정해 보면 시급이 5,335원이고, 예시2의 경우에는 시급이 6,521원에 해당하기 때문이다.

따라서 불필요한 수당항목을 만들어 급여액을 쪼개기보다는 급여항목이 꼭 필요한 법정수당만을 기입하는 것이 좋다.

Point 96

직원에게 급여명세서를
주어야 하는지?

병원자문을 하다 보면 병원장이 급여명세서를 꼭 주어야 하는지에 대해 묻는 경우가 많다. 급여명세서는 근로기준법상 의무사항은 아니지만 일반 기업에서는 급여명세서를 매월 교부하는 것일 일반적이다.

급여명세서에는 각종 수당과 제공내역이 구체적으로 명시되어 있으며 직원들이 급여에 대한 궁금증을 해소시키는 하나의 방법이나 급여명세서를 직원에게 교부하는 과정에서 직원들간에 급여액 노출되어 낮은 급여를 받는 직원들의 불평불만이 발생할 수 있으니 직원들에게 교부할 때 주의하여야 한다.

Point 97

취업규칙은 노동부에 꼭 신고해야 하나요?

취업규칙은 보통 병원의 사규를 말하는 것으로 근로기준법에서 취업규칙이라고 명시하고 있다.

따라서 근로기준법 93조 규정에서 10인 이상의 근로자를 채용하고 있는 사업장은 취업규칙을 작성하여 사업장 관할 노동부에 신고하도록 의무화하고 있다. 이를 위반할 경우 500만원 이하의 과태료가 부과된다.

또한, 취업규칙을 작성하여 신고 시 근로자의 의견을 청취하고 의견서를 첨부하여 노동부에 신고하여야 하며, 기존의 취업규칙을 신고한 후 취업규칙을 변경할 경우 근로조건의 저하되지 않은 변경은 의견서제출, 근로조건이 저하되는 경우에는 근로자의 동의서를 제출하여야 함으로 최초 취업규칙을 작성할 때 신중을 기할 필요가 있다.

취업규칙에는 직원의 근무조건, 퇴직, 산전후휴가, 및 표상 및 제재에 대한 내용이 있어야 하며 구체적인 내용을 보면 다음과 같다.

1. 업무의 시작과 종료시각, 휴게시간, 휴일, 휴가 및 교대 근로시간에 관한 사항

2. 임금의 결정, 계산, 지급방법, 임금의 산정기간, 지급시기 및 승급에 관한 사항

3. 가족수당의 계산, 지급 방법에 관한 사항

4. 퇴직에 관한 사항

5. 근로자퇴직급여보장법 제8조에 따른 퇴직금, 상여 및 최저임금에 관한 사항

6. 근로자의 식비, 작업용품 등의 부담에 관한 사항

7. 근로자를 위한 교육시설에 관한 사항

8. 산전후휴가. 육아휴직 등 근로자의 모성보호 및 일. 가정양립 지원에 관한 사항

9. 안전과 보건에 관한 사항

10. 근로자의 성별, 연령 또는 신체적 조건 등의 특성에 따른 사업장 환경의 개선에 관한 사항

11. 업무상과 업무 이외의 재해부조에 관한 사항

12. 표창과 제재에 관한 사항

13. 그 밖에 해당 사업 또는 사업장의 근로자 전체에 적용될 사항

Point 98

우리병원은
주 5일제를 하고 있는가?

직원 5명 이상을 채용하고 있는 병원은 의무적으로 1일 8시간, 주 40시간 (소위 주5일제)를 의무적으로 시행하도록 하고 있다. 그러나 실제로 의료서비스업에 해당하는 병원에서 1일 8시간과 주 40시간을 준수하여 병원을 운영하기 어려운 것이 현실이다.

그렇다면 병원 진료시간이 평일 09시부터 19시까지, 토요일에는 09시부터 13시까지 근무하는 병원의 경우에는 주40시간(주5일제)을 준수하고 있는 것일까 ?

예시) A병원 직원 甲은 175만원의 급여를 받으며 근무시간은 다음과 같다.

근무시간	평일 09:00~19:00 휴게시간 13:00~14:00 토요일 09:00~13:00
근로시간 산출방식	기본근로시간: 1일 8시간×5일+8시간(주휴) 　　　　　 =48시간(주)×52주(1년)+8시간/12=208.7시간(209시간) 평일연장근로: 1시간×5일×52주+1시간/12=21.8시간(22시간) 토요연장근로: 4시간×52주/12=17.3시간(18시간)
급여산정	기본급: 209시간×6,505원= 1,359,560원 연장수당: 22시간×1.5×6,505원= 214,670원 토요수당: 18시간 ×1.5×6,505원= 175,770원 **합계: 1,750,000원**

따라서 A병원이 주 40시간을 초과하여 병원을 운영하고 있다고 하더라도 연장수당을 지급하고 있으므로 법정 주40시간제를 준수하고 있는 것이다.

Point 99

일용직, 알바도
근로계약서를 작성해야 하나?

일반적으로 정규직원에 대해서는 근로계약서를 작성하면서 일용직이나 아르바이트 직원에 대해서는 근로계약서를 작성하지 않는 경우가 많은데 일용직이나 아르바이트 직원도 근로계약서를 작성하여야 한다. 최근에는 비정규직 직원에 대한 근로계약서 작성여부를 노동부에서 집중적으로 단속하여 시정지시 없이 곧바로 과태료를 부과하기 때문에 특히 주의해야 하며, 예시한 일용직 근로계약서 양식을 참고하여 계약서를 작성하면 될 것이다.

*일용직근로계약서 서식(239p 참고)

Point 100

일용직에게도 주휴수당을
지급해야 하나요?

최근에 일용직 특히 아르바이트에 대한 주휴수당(일요일 휴일수당)에 대한 분쟁이 자주 발생하고 있으며 일용직 근로자에 대해서는 근무일수에 비례하여 임금을 지급하고 있는데 일용직이 일주일을 계속 근무하는 경우에는 유급휴일을 부여하여야 한다.

예를 들어 일당인 5만원을 받는 직원이 월요일부터 토요일까지 계속 근무하였다면 일당을 5만원×6일＝300,000원을 지급하는데 일용직 직원에게도 일주일의 만근에 대하여 주휴일, 즉 유급휴일을 부여하여야 한다. 따라서 직원이 근무한 6일에 주휴 1일을 포함하여 350,000원을 지급하여야 한다.

따라서 일용직이나 아르바이트를 채용하는 경우 급여의 산정을 일당 기준으로 지급하지 말고 주급제 형태로 시행하는 것도 좋은 방법일 것이다.

페이닥터를 어떤 방식으로
채용하는 것이 좋나요?

병원운영이 잘되어 페이닥터를 채용하는 경우가 있다. 주로 학교 선후배 인맥으로 채용하다 보니 계약서를 작성하지 않고 채용하여 퇴사 후에 퇴직금 지급과 관련한 분쟁이 발생하는 경우가 많다.

병원업계의 특성상 페이닥터의 경우 퇴직금을 포함한 연봉을 책정하는데 퇴사 후 페이닥터가 퇴직금 진정을 노동부에 제기하는 경우가 있다.

따라서 페이닥터를 어떤 형태로 채용할 것인가를 고민해 봐야 한다.

페이닥터 채용의 유형으로 하나는 페이닥터를 근로자로 채용할 것인가 아니면 또 다른 하나는 프리랜서로 채용할 것인가에 따라 법률요건이 달라진다.

1. 페이닥터를 직원으로 채용하는 경우

첫째, 근로계약서를 작성하여야 하고 둘째, 4대보험료 부담에 대한 부분도 명확히 하여야 한다. 실제로 페이닥터의 경우 급여가 높아 병원이 부담하여야 할 4대 보험료가 많기 때문에 이를 간과하다 낭패를 보는 경우가 많다. 따라서 페이닥터 채용 시 병원이 부담하여야 할 4대보험료와 갑근세, 주민세 등도 고려하여야 한다. 또한 페이닥터를 직원으로 채용하는 경우에 법정퇴직금을 지급하여야 한다. 페이닥터와 채용 시 퇴직금을 지급받지 않는다고 약속하였다고 하더라도 페이닥터가 이러한 약속을 어기고 노동부에 이의를 제기하는 경우 병원은 페이닥터에게 퇴직금을 지급해야 한다. 왜냐하면 양당사자간의 퇴직금을 지급하지 않는다는 계약은 근로기준법을 위반하는 계약으로 무효이기 때문이다.

2. 페이닥터를 프리랜서로 채용하는 경우

페이닥터를 프리랜서로 채용하는 경우에는 프리랜서 계약에 따라 일정일에 대한 대가를 지급하는 고용관계가 아닌 민법상 위임계약의 방식이며 세법상 자유소득업자로 처리하는 것이다.

이 경우에는 프리랜서로 인정되면 4대보험에 가입하지 않고, 퇴직금도 발생하지 않는다. 다만 페이닥터에게 지급하는 금액에 3.3%만 세금으로 납부하면 된다.

어떤 채용방식이 정답일 수는 없고 우리 병원 실정에 맞게 선택하면 될 것이고, 다만, 페이닥터가 정기적, 고정적으로 근무하는 경우에는 직원으로 채용하는 것이 좋을 것이고, 병원장의 주말대체나 휴가에 대한 대체의 일환으로 대진의가 진료한다면 프리랜서 계약이 더 좋을 것이다.